故 심정민 소령 추모집

그대 횃불처럼

글쓴이 성균경 외

홍익출판사

목 차

●● 추모시

머리말

허 행 일
낙동강문학 발행인, 한국시민문학협회 사무처장

'나라면 어땠을까?' '나라면 그 상황에 어떤 결정을 내렸을까?

제가 처음 심정민 소령의 추모시집을 기획하게 된 동기는 작가로서의 어떤 사명감도 아니요, 그가 제 고교 후배라서가 아니요, 그의 부모께서 제 이웃이라서도 아니었습니다.

'그의 숭고한 정신에 대한 용기'가 삼류 작가의 가던 길을 멈추게 만들었습니다. 죽음과 삶의 기로에서 결코 짧지 않은 10여 초의 시간이 있었음에도 비상 탈출 레버 대신 민간 거주 지역을 피해 야산으로 조종간을 돌려 산화한 그의 '숭고한 용기'.

이 책은 어쩌면 그의 용기에 대한 제 부끄러움의 작은 면책일지도 모릅니다.

하지만 저의 작은 면책이 팬데믹이라는 어려운 시대에 점점 개인주의로 치닫고 있는 이 사회와 사람들에게 경종까지는 아니더라도 한번쯤 자기 자신을 되돌아 볼 수 있는 기회가 되었으면 하는 작은 바램까지는 감출 수가 없습니다. 영웅의 숭고한 용기가 우리들의 마음속에 '이해와 배려'라는 잔상으로 남아 인터넷과 언론매체에서 좋은 소식들이 많이 들리는 그런 사회와 국가를 꿈꿔 봅니다.

이 책을 처음 기획하게 해주시고 많은 조언을 아끼시지 않은 한국 시민문학협회 성군경 회장께 감사의 말씀을 전하고 서울에서 아낌없는 성원을 보내주신 권장섭 선배께도 감사의 말씀을 전합니다. 시집 편집에 도움을 주신 강은주 기자께서도 큰 힘이 되어 주셨습니다. 마지막으로 마치 본인의 일처럼 정성으로 힘과 도움을 주신 양산의 심명주 작가님을 비롯한 한 장 한 장 추모시집을 진실되게 꾸며주신 시인님들께 읍소하여 감사의 말씀을 전합니다.

2022. 6.

추모사

우리는 천사를 보았습니다

한국시민문학협회 회장 성 군 경

문명과 달의 어두운 면 사이를 유랑하는, 한때 무언가의 바깥이었던 것들과 그리 멀지 않은 곳으로부터 모여드는 이름들이란, 같지만 다르고 다르지만 같은 기억들이다. 생각의 나무들이 망각을 배우는 숲에서, 커다란 눈과 우렁찬 목소리를 지닌 거인이 흐릿한 불빛 아래서 기꺼이 낙타가 되어 바늘구멍을 통과하였다. 마침내 열리는 밤하늘 가득한 구름의 증언은 아무래도 신빙성이 떨어지지만, 수탉 울음소리에 가난을 모으던 집시들은 긴 잠에서 깨어나 문구점에서 대바늘을 산다. 2022년 1월 11일부터 우리의 보행은 영원히 잃어버린 것들의 속력과 나란하다.

심정민 소령은 천사다. 하늘에서 지상으로 내려온 천사 중에 가장 화급하고 절박한 임무를 부여받은 천사임에 틀림없다. 7년을 땅속에서 지내고 지상에서 1주일가량 살면서 최선을 다하여 시원한 노래를 부르는 매미처럼, 그날 단 하루의 임무인 수많은 생명을 보호하기 위하여 지상으로 오신 대장천사다. “어린 왕자”를 남기고 하늘로 날아간 생떽쥐베리(1900-1944)도 있지만, 끝까지 조종간을 잡고 지상으로 산화한 故심정민 소령은 이 세상 누구보다도 위대하고 숭고한 영혼이다.

참으로 면목이 없습니다. 저희들 모두, 여기에 계신 동안 남기신 인연과 가족들을 마음 다함으로 모실 것을 약속합니다. 이 다음엔 이런 일 없는 행복한 별에서 태어나시기 바랍니다. 혹여 이 지구에 다시 오신다면 이번처럼 어려운 임무 없이 홀가분하게 오십시오. 부디 가신 그곳에서 맘편히 지내시기 바랍니다. 사랑합니다.

· 한국시민문학협회 회장
· 대구경북작가회의 회원
· 시집 「흔들리지 않는 건들 바위 관사촌」「고속터미널에 핀 네온사인」「어항속의 泛魚로터리」「벚꽃도 거리에 날리더라」「영천댐 옆 삼귀리 정류장」 등

추모사

아, 故심정민 소령!

'故심정민 소령을 추모하는 모임' 회장 신 평

지난 1월 故심정민 소령은 노후화된 비행기가 제대로 작동하지 않아 추락하는 순간 탈출하지 않았습니다. 마지막 순간까지 민가의 피해가 없는 지역을 필사적으로 고르다 비행기와 함께 한 떨기 꽃으로 장렬하게 산화하였습니다.

그는 제 아들인 신호승의 고등학교 친구로서 저희 집에도 놀러오곤 했습니다. 장례식날 제 아들을 비롯한 故심소령의 친구들은 다들 눈이 붓도록 대성통곡을 하였습니다.

부모가 죽으면 자식은 무덤에 묻으면 됩니다. 그러나 자식이 죽으면 부모는 그렇게 할 수 없습니다. 가슴에 그 아이를 묻을 수밖에 없습니다. 세상을 떠나기 전까지 아이의 고운 미소와 마음씀씀이를 생각하며 긴긴 회한과 슬픔에 젖을 수밖에 없습니다.

故심정민 소령의 부모님!

그 비통함을 절절히 저희 가슴에도 새기겠습니다. 만에 하나의 위로도 되지 않지만 전국에서 아드님을 추모하는 시 85편을 보내와 이를 문집으로 발간하게 되었습니다. 아드님의 고귀한 살신의 정신이 동심원을 그리며 나라 곳곳으로 퍼져나가는 모습을 보아주십시오. 앞으로 저희들에게 조그마한 보답을 그의 영전에 바칠 수 있도록 기회를 주십시오. 너무 힘드실 때 저희들에게 몸을 조금이라도 기대어 주십시오. 그것은 저희들에게 한 없는 영광입니다.

이 책을 발간하는 책임을 맡아주신 성군경 한국시민문학협회장, 허행일 사무처장님께 심심한 사례의 말씀을 올립니다. 우리 공동체를 위하여 큰 기여를 하셨습니다. 재삼 재사 감사드립니다.

· 판사, 로스쿨 교수 역임
· 시인
· 현. 공익사단법인 공정세상연구소 이사장

추모사

엄숙한 죽음 앞에서

국회의원 주 호 영

저의 능인고 후배였던 빨간 마후라의 참 군인, 외모만큼이나 부드럽고 선한 성품, 늘 아이같이 해맑은 미소와 영혼을 가진 그런 사람. 심정민 소령의 모습을 떠올리기만 해도 마음이 넉넉해지는 것은 비단 저뿐만은 아닐 겁니다.

겉모습은 노블레스 오블리주의 귀공자 같으나 속은 꽉 찬 군인, '외유내강'이라는 말은 그를 두고 하는 말일 것이었습니다. 코로나로 인해 국민들이 힘들어할 때 한 줄기 등불처럼 빛이 되어 주었으며 우리 사회의 오랜 병증인 분열과 대립, 갈등 속에서도 국민들을 한마음 한뜻으로 엮어 주셨습니다. 지금도 이름을 부르면 바로 곁에서 달려올 것 같습니다.

인간에게 있어서 죽음보다 더 엄숙한 것은 없습니다. 인간만이 이 엄숙한 죽음을 맞으면서 그 죽음을 의미 있는 삶으로 승화시키는 예지를 가졌기 때문입니다. 이 소중한 삶을 죽어서도 다시 살게 만든 그리운 후배여! 자랑스런 심정민 소령이시여!

영원히 저 하늘에 그리고 우리들 가슴에 별이 되소서…

· 경상중학교, 능인고등학교, 영남대학교 법학과 졸업
· 24회 사법시험 합격, 사법연수원 14기 수료
· 국민의힘 초대 원내대표
· 이명박 정부의 초대 대한민국 특임장관 역임
· 17~21대 5선 국회의원
· 2020.09.~2021.04. 국민의힘 원내대표

추모사

故심정민 소령님의 명령 앞에 서며

국회의원 이 원 욱

자랑스런 심정민 소령의 죽음 앞에 섰습니다. 추운 겨울, 충분히 비상 탈출할 수 있었음에도 주민들을 보호하기 위해 아무도 없는 야산으로 추락, 삶과 이별했습니다. 국가안보는 곧 나라를 지키는 군인들의 희생으로 가능하다는 것을 절실하게 느꼈습니다. 삶과 죽음의 갈림길에서 오직 심정민 소령의 선택 기준은 '국민'이었습니다. 진정한 군인의 모습 앞에 섭니다.

기체불량이라는 어이없는 원인으로 순직하셨습니다. 우리 모두의 잘못입니다. 다시는 이런 일이 발생하지 않도록 해야 합니다. 청년이, 군인이 삶을 놓아야 했던 이유가 고작 이런 것이었다는게 너무도 죄송합니다.

심정민 소령님, 먼 길 잘 가셨습니까? 가신 지 훌쩍 두 달이 흘렀습니다. 그 두 달 우리는 심소령님의 죽음 앞에 당당한지 스스로 묻게 됩니다. 부끄럽고 초라합니다.

명복을 빌며, 고인과 같은 죽음이 다시는 발생하지 않도록 두 눈 부릅뜨고 일하겠습니다. 고인이 주신 국가안보의 명령, 서민의 삶 보호의 명령, 따르겠습니다.

죄송합니다.

그 곳에서 편히 눈 감으시길 간절히 소원합니다.

· 충남보령 출생
· 더불어 민주당 경기화성 을 21대국회의원
· 인터넷 신문인의밤 제20대국회의정대상 수상

추모사

푸른 창공에서 영면을 기원하며

능인중고등학교 총동창회장 김 동 원

1월 초, 추운 겨울날 저녁, 나는 지인들과 술자리를 하고 있었다. 두어 잔 먹었나... 식당의 TV에 공군 전투기가 추락하여 조종사가 사망했다는 뉴스가 나왔다. "잊어불만 하면 전투기 추락사고 터지노." "우리 기술력으로 전투기 못 만드능강. 전투기 조종사 한 명 키울라카마 수십억 든다 카던데." "에헤이 탈출할 수 있었는데 안 했다카네." 평소의 안타까워했던 마음 정도로 지인과 몇 마디의 말을 나누고 가십 삼아 자리를 계속 이어 갔다.

한 시간쯤 지났으려나, 동창회 사무처장으로부터 전화가 왔는데 전투기 추락 조종사가 우리 고등학교 동문이란 것이다. 68회 졸업생 심정민! 그때부터 커다란 안타까움과 간사하게도 대견함이 느껴졌다.

영결식 날은 떠나보내는 이들의 마음처럼 차가웠다. 남겨진 가족들과 동료, 친구들은 눈물로 별이 된 그를 떠나보냈다. 전투기의 이상을 느끼고 추락하기까지의 몇 초의 찰나같은 순간에 그는 무슨 생각을 했을까! 죽음의 두려움은 없었을까! 남겨진 자들의 슬픔은 생각했을까! 무엇이 그를 끝까지 조종간을 잡을 수 있게 했는지 그 의연함에 경외와 존경을 보낸다.

당신은 끝까지 참 군인이었고, 영원히 빨간 마후라의 파일럿이 되었습니다. 푸른 창공에서 영면을 기원합니다.

· 극동자동차대표

추모시

황춘자 故심정민 소령님을 기리며
황병기 하늘의 불침번
홍재원 護民殺身 軍人本分
홍언희 지순한 사랑이여!
허행일 그대 횃불처럼
한상우 바위에 핀 꽃
최점분 하늘 꽃이 된 너에게
최민영 보라매의 꿈
지경숙 심정민 소령
조재석 기도
조자룡 10초
조승윤 드높은 그대여
조순화 자랑스럽다
정태운 꽃이 되고 별이 되고
정선규 죽으면 죽으리라
정민석 보라매
정동철 나뭇잎 하나
정 남 님에게
정기보 장하도다 심정민 소령
정광일 심정민 소령 추모시
이애영 당신을 위하여
이승아 귀로
이성호 2022년 1월 11일
이성형 님에게 드립니다! / 님이 가신 길
이상규 낙화
이두현 못다 핀 꽃봉오리 / 영웅 심정민 소령
이동만 한 생명이로다
이능중 여우비 같은 인생
이경우 놓지 못한 이별
이강홍 별이 지다
윤영애 봄에 미치다
윤경숙 빛이 되신 님이시여!
유병옥 대한민국 보라매
옥민주 누굴 위해
오나금 심정민 소령
예시원 비상(飛翔)
여승익 바람 결을 날아 올라
엄경덕 숭고한 정신
안젤라 등불 그대
안재운 추도사
안명진 보고 싶다
심재철 미완성
심재영 나 그대를 사랑하리니
심응섭 하늘의 별이 되다
심명주 부라매 심정민 그대여!!!
신현덕 하늘의 꽃으로 피다
신진영 슬프고 고맙고 기쁘다
신용우 故심정민 소령에게 드리는 편지
신오선 살신성인
신기훈 벚꽃 엔딩, 너머
신광용 숭고한 희생
신계전 滑空
성낙수 조국의 하늘에 남은, 기적
성균경 ??는 너무 멀다
서영복 국화꽃 한송이 내려놓으며
박지훈 그대의 침묵에는
박덕례 산과 강을 건너
박대제 은하수로 내려 앉은 님이시여!
박다은 잊혀지면 안될 당신
박금자 희생으로 복 지은 그대여
노준상 호국용이 되어 빛나리라
김혜정 하늘이 너무 작은 나의 큰 별
김정희 훨훨 날아라
김정희 뭐가 그리 급해서
김재철 위국헌신 10초
김영태 挽壯烈沈小領殺身
김연창 믿음으로 달린 그대에게
김소희 창공 위에서
김상호 그대는 빨간 마후라
김상경 나는 하늘의 사나이
김병수 사랑의 씨앗
김명수 그대는 별이고 꽃입니다
김난희 빨간 마후라를 추억하며
김기웅 심소령을 위한 기도
권형원 임 그리워
권장섭 어떤 彈指
권오철 그 꽉 잡은 조종간을 이제는...내려 놓으시라
권오운 별소령
권선화 꽃다운 청춘
권득용 그대, 이제 조종간을 놓으시게
강혜지 삶
강은주 엄마 나 저 사람 알어
남궁연옥 추모 글

故심정민 소령님을 기리며

황 춘 자

오~ 어쩌랴 별이 졌습니다
서광의 푸른 별이 애석하게도 져갔습니다

한 송이 꽃 만개하지 못한 봉오리로 낙화하니
운명의 신은 이다지도 야속하던가요?

나라에 충성하던 대한의 용사!
고향을 사랑하던 대구의 아들!
역사 깊은 능인고 동문 자랑스런 엘리트여!
생사의 찰나에도 민가를 벗어나 준 베테랑 조종사여!

故심정민 소령님이시여!
녹슨 기체에 지혜 재능 청춘을 오롯이 담고
다시는 못 오실 세상으로 가시었단 말입니까?
임 같은 인재 원하는 또 다른 세상이 있었나요?

평화스럽고 안락한 하늘나라에서는
긴 세월에 덕지덕지 흠집 난 기체에 몸 담지 마시고
은하수처럼 화려하고 눈부신 최신형 기체로
달나라 별나라로 우주여행 즐기소서

영원 영생의 나라 천상궁전에서는
사랑했던 우리의 맑은 하늘 지켜주시고
곱게 다듬어 오신 인성 지성 재능으로
못다 이룬 꿈 소망 포부 모두를 이루시고

임이시여! 못다 핀 한 송이 애증의 꽃이시여!
부디부디 편하고 편안하게 영면 하시옵소서

· 경북 포항 출생
· 한국시민문학협회 고문
· 문학동네, 대구신문 등에 꾸준히 작품을 발표해 옴
· 시집 『사모곡』 「쌍리마을 매화향기』 등

하늘의 불침번

황 병 기

하늘의 경계선을 침범한 회색구름이
점점 커져간다
번쩍!
구름을 뚫고 솟아오르는 불기둥
하나 둘, 셋
정적을 깨는 굉음소리에 놀라
두려움이 앉은 어깨가 움찔거린다

탈출한다.(이젝트)
탈출한다.(이젝트)
차마 당기지 못하는 마지막 희망의 끈
얼마나 살고 싶었을까
살 수도 있을꺼야

침착해야 돼
거듭 드러나는 훈련 속 메뉴얼
현실이 되어
있는 힘껏 당겼을 탈출 레버가 아닌
두 손 두 발로
내가 할 수 있는 마지막 임무
내 나라 내 국민을 지키는 일
마하의 속도가 붙은 제어 불가피한
중력에 이기지 못하는 동체가
기수를 돌렸다

너무나도 짧은 생애여!!!
이어가는 호국의 위대한 얼이여!!!
비상하는 새처럼
자유롭게 어디든 갈 수 있게 하시고
혼자가 아닌 바람과 구름을 벗삼아
지지않는 태양을 바라보며
밝은 내일을 향해 나아가는
젊은 그대 故심정민 소령이여!!!

당신의 임무이자 의무이며
자유 수호를 찾아
오늘도 그대가 꿈꾸는 하늘에서 편히 잠드소서.

· 웅상문인협회 회원
· 초록마음 카페대표

護民殺身 軍人本分(호민살신 군인본분)

홍 재 원

生死分定十秒間(생사분정십초간)
投命護民不躇決(투명호민부저결)
一生一死有輕重(일생일사유경중)
地離義魂天飄星(지리의혼천표성)

삶과 죽음을 가르는
십초라는 시간동안

내 생명을 버려 국민을 지키기로
주저함 없이 결정했지.

한 번 태어나 한 번 죽는 것에도
가볍고 무거움이 있나니

지상에서 의로운 혼이 떠나는 순간
하늘에는 별이 떠올랐네.

·『한민족왕들의 교집합』『선택의 기술』『마음의 노래』 저자
· 충남대병원 비상계획팀장. 우석대학교 국방학과 교수. 대전제대군인 지원센터 멘토. 대전중구안전관리협력위원장. 예비역 육군중령
· 우석대학교 국방학과 겸임교수

지순한 사랑이여!

홍 언 희

하늘도 슬펐고
국민들도 슬펐습니다

님의 지순한 사랑 앞에서
겨울이 지나고
온 대지가 꽃피는 이 봄날
국민들은 님과 같이 지내길 바랬는데
님은 먼저 하늘나라에 가셨습니다

남아있는 가족들 슬픔은
하늘도 슬퍼하였습니다

부디 하늘나라에 가서도
님이 펼치는 젊은 열정과 꿈이
이루어지길 기도드립니다

· 경북 영주출생
· 서울 사대부고 졸업
· 삼육대학 간호학 전공
· 방송통신대 영문과 수학
· 계간 공간문학 가을호 본상 수상(2019)

그대 횃불처럼

허 행 일

방실방실 소년의 미소
횃불처럼 주위를 밝히던 너

너의 운명이란
그런 조국을 위해 존재했나 봐

그 짧은 시간에
교차하던 만감
결정은 단호했겠지
매의 눈을 잃지 않으며
초계 비행으로
완수한 임무
마지막엔 아내와 부모님이 떠올랐으리라
그리곤 조용히 눈을 감았겠지

무사귀환이라는 건
국민 앞에 흐려지는 등불
호국의 별로 한민족을
일깨워 주었음이라

잘 자라 내 형제여

· 낙동강문학 발행인
· 한국시민문학협회 사무처장

바위에 핀 꽃

한 상 우

바람 한 줌 뿌려진 바위틈

구름과 계절이 몇 번인가 지나가고
때로는 바위도 물컹해지던 날이 있었으리라

겨울과 봄이 하얗거나 검은 이별로 녹을 때
산지기 그림자는 목을 길게 빼고 있었으리라

너는 빈 나뭇가지에 달린 달과 햇살을 꺾어
심장 깊숙이 심어두었으리라

나비가 강물 빛으로 오고
어슷한 장승이 숨 돌려 나직이 산빛으로 불렀으리라

우물물을 마지막으로 길던 날
처음으로 고개 들어 붉은 하늘을 틈으로 보았으리라

· 시처럼 문학회 회장
· 청주시문학협회 부회장
· 열린 동해문학 작가 문학상 수상
· 시집『나뭇잎의 노래』

하늘 꽃이 된 너에게

최점분

이 세상에
아름다운 꽃씨로 내려온
너는 늘 웃음을 주어

눈에 넣어도
아프지 않았던 아이였고
우리의 희망이었지

너무 많은 욕심이었을까
아니면 시샘이었을까
무심하게 너를 안고 간 하늘이
야속하지만

아들아 이제는 눈물이 마르는구나
이제는 그냥 웃으련다
네가 마음 꽃으로 남길 바라며

하늘 꽃이 된 너에게
오늘도 마음 편지를 쓴다
사랑 가득 담아서

너의 곁으로 가는 날까지
너의 꿈까지
더 열심히 살다가 갈 거다

소중한 추억으로
아름다운 꽃씨 한 아름 안고 가서
웃으며 만나자

하늘 꽃이 된
사랑하는 내 아들에게
오늘도 이곳의 안부를 전한다
엄마의 마음으로

· 경남 창원
·「시연문학집」봄,여름,가을,겨울호 공저
· 시연문학회 동인

보라매의 꿈

최 민 영

청춘의 푸른 날
하늘에 꿈을 그리고
뜨거운 땀은
대지를 적시었다

날개를 접어야 했던
절체절명의 순간에도
그대의
굳은 의지 꺾지 않았네

빛나는 별이 되어
우리 모두의 아들로
다시 태어남으로

아주 오랫동안
사랑으로 기억되리
그 깊은 뜻
영원히 기억하리

· 수원
· 시연문학회 동인

심정민 소령

지 경 숙

하늘 위를 걷던 날
님의 가슴 깊은 곳에
사랑 씨앗 품으니
내 몸같이 사랑하던 이웃 위해
생명까지도 기꺼운 마음으로
나누었더라

하늘 위 세상에서
님의 희생 햇살 되어
냉랭해진 우리 가슴 데우리라
그의 사랑 불꽃 되어
별처럼 빛나리라

무궁화 꽃보라로 피어오르고
님의 눈물 생명으로 이어지니
무지개의 약속은
물보라 꽃보라 빛보라

십자가의 사랑이어라

· 여주
· 여주 인문학 동행 회원
· 류주현 문학상 수상
· 저서『햇살이 마시멜로처럼 늘어지고 달달하게 될 때』

기도 - 故심정민 소령 영전에 올림

조 재 석

하늘을 날아올라 멀리 빨리 보았다네
조종간 힘껏 잡고 도요새가 되었구나
불침번 나라의 기수
당당하게 살았네

하루도 쉬지 않고 날아오른 푸른 영공
내 조국 대한민국 부릅뜬 채 지켰어라
한 치도 일분일초도
물샐 틈이 없으리

국민도 내 나라도 그대 가슴 묻었어라
마지막 순간까지 굳게 잡은 조종간은
장하다 빨간 마후라
빛나리라 그 이름

· 한국시조협회.한국음악저작권협회 회원
· 동국대학교 산업대학원 건축공학석사

10초

조 자 룡

2022년 1월 11일 오후 1시 43분 공군 수원비행장에서는 F-5 전투기 한 대가 이륙했다. 조종사는 공사 64기 심정민 대위였다. 그날따라 유난히 푸르게 빛나던 창공으로 기세 좋게 치솟았으나 이내 위기에 봉착했다.

양쪽 엔진에 화재 경고등이 떴다. 어떤 장비도 엔진이 고장 나면 정상적인 기능을 발휘할 수 없지만, 항공기는 목숨과 직결된다. 허공에 뜬 항공기가 추력을 상실하는 순간 추락이다. 조종사에겐 최고 위험한 상황이다. 최대한 빨리 착륙하여 원인을 찾아야 한다. 착륙을 위하여 기지로 선회하던 중 이런 이번엔 조종계통 결함이다. 좌우 방향전환은 가능하나 상하 조종이 불가능하다. 이제 착륙도 불가능하다. 눈물을 머금고 애기愛機와 작별해야 한다.

"이젝션(ejection)! 이젝션!"

비상 탈출을 결심하고 관제탑에 통보하였으나, 이런 앞에 민가가 보인다. 전투기는 버리더라도 민가는 피해야 한다. 국민의 생명과 재산을 보호하는 게 국군의 사명 아니던가? 시간은 충분하다. 네가 누구인가? 자랑스러운 공군의 전투 조종사 심정민 아니더냐. 침착해라, 침착해. 너는 할 수 있다. 최대한 기수를 돌리고 탈출해야 한다. 민가에 추락하지 않도록 기수를 돌려야 한다. 기수를…… 기수를……

심정민 대위는 끝내 탈출하지 못하고 애기와 함께 산화했습니다. 사관학교에서 배운 그대로 국민의 생명과 재산을 보호하기 위해 최후까지 노력하다가 순직하였습니다. 비상 탈출을 선언하고 10초의 시간이 있었다고 합니다. 숙련된 조종사가 탈출하기에는 충분한 시간입니다. 탈출하려는 순간 정면에 보이는 민가는 심대위에게 새로운 임무가 되었습니다. 전투기를 살릴 수는 없지만, 민가에 떨어트려서는 안됩니다. 자신이 살기 위해 국민을 희생할 수는 없습니다.

심대위가 살기 싫어서 자살한 게 아닙니다. 사랑하는 가족과 전우와 떠나기 싫었지만, 마지막으로 주어진 10초는 조종계통이 제대로 작동하지 않는 항공기와 씨름해야 했습니다. 마지막 10초를 자신을 위해 사용하지 않고 국민의 생명을 지켰습니다. 자신의 목숨보다 국군의 사명을 완수하려 했던 심정민 대위는 살신성인殺身成仁입니다. 위국헌신군인본분爲國獻身軍人本分을 실천한 참군인입니다.

故심정민 소령에게 찬사를 보냅니다. 고이 잠드소서.

· 본명 조남혜. 수필 작가
· 임천초,중학교, 금오공고, 공대 졸업. 1989년 공군소위 임관(ROTC27회, 공군ROTC16회). 2019년 공군중령 예편
· '시와 창작' 제34기 신인문학상 '황사 바람'으로 수필 부분 당선 등단
· 수필집『니들이 알아?』,『유쾌한 군대생활』,『꿈꾸는 가족』,『다이내믹 코리아』,『나의 조국 대한민국』,『아빠가 쓰는 편지』

드높은 그대여

조 숭 윤

아름다운 사람
위대한 사람
그 순간의 결정에
얼마나 수많은 생각이
오고 갔는지를

생각할수록
가슴 절절히 그대 생각에
목이 메이고
눈물이 하염없이 내리는군요

그대의 숭고한 헌신은
하늘의 별이 되어
영원히 빛나리니

· 경기 부천
· 한국플라워꽃꽂이1급 사범
· 한국화구상회 회원 출품작 다수
· 하주가연회 회원
· 소치미술대전 입선. 경인미술대전 입선 4회. 대한민국미술대전 입선 1회
· 「시연문학집」. 시연문학회 동인

자랑스럽다

조 순 화

높은 창공에서
돌아오라
살아서 오라
했건만
생명의 길
귀하고 고귀하게
영원한 선택 길

많은 사람의
안전을 지켰고
너에 생명이
찬란한 하늘의
별이 되어
보라매로 남았구나

미안하고 고맙고
자랑스럽다
지지 않을 창공의
보라매다
너 그대 아들아!

· 서울
· 국보문학 시인 수필가 등단
· 신인 문학상 수상
· 좋은문학창작예술인협회 문집 기고. 행복한 오후 문예지 기고
· 「시연문학집」 겨울호 공저. 「허기진 그리움」 외 다수
· 시연문학회 동인

꽃이 되고 별이 되고

정 태 운

그대 생각하며 꽃을 바라보면
낮이 아깝지 않고
그대 그리워하며 별을 헤아리면
밤이 서럽지 않소

내가 꽃이 되면
그대가 날 바라보고
내가 별 되면
그대가
별 헤는 밤이 될테니

· 경남 밀양시 출생 / 부산시
· 청옥문학, 시,시조부분 등단. 충열문학상 우수상 수상
· 시집: '사랑한다고 말할 때 사랑의 꽃이 피고' '내 마음에 머무니 사랑입니다'
· 청옥문학 후원회 회장. 시의 전당 고문. 석교시조문학 고문. 영호남문학회 부회장
· 한국문인협회 회원. 부산문인협회 회원. 새부산시인협회 회원
· 프랑스 론와인 기사. 전 BWA와인스쿨동문회부회장. 전 부산시 환경육성협의회 위원. 전 부산시 보건환경연구원 기술지원자문위원. 전 부·울·경 자가측정협의회 회장. 전 남천장학회 회장. 재부 세종고충동문회 회장. ㈜대한환경이엔지 대표이사

죽으면 죽으리라

정 선 규

추락하는 그 시간은
얼마나 짧고 순간적이었을까
자신은 죽어야만 민가를 살릴 수 있었기에
사랑하는 가족의 곁을 마다하고 죽음으로
깃들어야만 했다
그 무엇이 절실하게 다가왔을지
그 무엇이 절박하게 머물게 했는지
죽음의 문턱에서도 조종간을 부여잡았을까
그렇게 민가를 피해서 추락할 야산을 찾아갔으리라
당신의 그 따뜻한 마음에 위로받지 않을
사람이 그 어디에 있을까
마지막 순간까지 놓을 수 없었던 절박한 민가
죽음도 막지 못한 절실함이었으리라
당신의 그 절박한 마음은 어디까지였을까
당신의 그 절실했던 마음은 어디에서 왔을까
죽으면 죽으리라 다짐하고 또 다짐하며
죽어갔으리라

· 한국시민문학협회 회원

보라매

정 민 석

그가 수직으로 솟구칠 땐
창공의 푸른 빛을 보았겠으나

그가 땅으로 떨어짐은
번개보다 재빨리 스스로 빛이 됨이라

마지막
단 한 번
뜨거운 날개로
세상의 넓이보다
더 크게
더 빠르게

내 아들은
불타는 화조火鳥
조국의 아름다운 하늘과 땅을 지켰노라

· 서귀포시 출생
· 2004 월간 「文藝思潮」 시 부문 등단. 월간 「시사문단」 시조로 등단
· 한국시사문단작가협회 회원. 빈여백 동인
· 중앙대학교 예술대학원 문예창작전문가과정 수료
· 중앙일보 중앙시조백일장 '장원' 3회 입상
· 2000년 이후 '샘터 시조'. '文藝思潮'에 다수 시조 발표
· '외국어로서의 한국어' 교사. 시연문학회 동인

나뭇잎 하나

정 동 철

창밖 나뭇가지
아주 높은 곳 외로이 버티는
잎사귀 하나

바람 깊이 오가는 사연에서
무엇을 찾아 그렇게 버티는지

올겨울 애타게 찾은 아들
멀리 떠나보내고
여름내내 쏟아지는 눈물 줄기
사랑 담아 가까워지는데

어느덧 깊어지는 찬 바람
귀 옆 속삭이듯 지나는 거센 눈설기
아들 찾아 외롭게 버티는
잎사귀 하나, 덜컹

· 충북 진천 출생
· 한국디카시연구소 회원
· 청주시문학협회 회원

님에게

정 남

어느
별에서 내려와
봄에는 새싹으로
여름엔 푸르름으로
가을에는 황금빛으로
겨울엔 하얀 편안함의 여유로
내 삶의 빛 되어준 착한 사람아!

꽃피고 새 울면
꼭 다시 오겠노라
약속 없었지만 뒤돌아보면
늘 있던 그 자리에
나 있을테니
곁에 없다고
너무 서럽게 울지 말아요

나도
애타도록 그리운 날이면
뒤돌아볼 테니
그대도 나처럼
늘 있던 그 자리에 있어 주셔요

이제
다시는 만날 수 없고
옷깃 스쳐 갈 수도 없지만
사랑했고 사랑했고
아주
많이 사랑했으니
함께했던 날들이
꽃잎처럼 접혀 간다 하여도
우리 인연은
여기가 끝이 아니라는 걸
믿고 또 믿어요

꽃 진 자리
가슴에 꼬옥 품어 안았으니
꽃씨 하나 품어 안았으니

· 시인. 수필가. 시조시인. 아동문학가. 소설가
· 시집 『감꽃피는 언덕』 / 수필집 『마실』 출간

장하도다 심정민 소령

정 기 보

일평생 소망이 전투기 조종사라 했지요
대한민국을 지키기 위해
하늘 끝까지 적의 위협에 맞서
경계 의무비행 중에
전투기 고장이 웬말이냐.
전투기가 민가에 떨어지지 않으려고
끝까지 조종간을 놓지 않고
그 한 목숨 걸고
인적이 없는 산골을 택한
국민을 위한 군인정신
심 정 민 소령님께서
초계 같은 한 생명을 버리고
산화散華하셨습니다.
대한민국 국민은 뜨거운 눈물이 앞서 군요.
대한민국 국민을 애국으로 뭉치게 했습니다.
천년만년 길이길이 빛나는
선진한국을 위해
호국선열께서 지켜주시는 힘
잊지 않겠습니다.
장하도다. 심 정 민 소령
잊지 않으리다.

· 한민족문화유산 보전회 회장. 푸른바다 사랑 운동본부 회장
· 법률연맹 국정감사NGO모니터단 공동단장. 월드뉴스 환경스페셜 집필(국회보도기자)
· 서울포스트 시와, 수필 산책 집필
· 시집 『여보 당신은 힘』, 『동트는 새벽』 집필
· 박애단 카페지기
· 일붕문학상 '시' 부문 수상

심정민 소령 추모시

정 광 일

* 나는 언제까지나 전투 조종사로서 살고 싶다 *

하늘을 우러러 그 일부가 되고자 했던 젊음
기어이 하늘의 날개가 되었다

불타는 기체 안에서
수차례 탈출 선언을 했으면서도
왜, 하늘 사람이 되어야 했던 걸까?

내가 살자고 국민의 생명과 재산을 버릴 것인가?
내가 죽어 국민의 생명과 재산을 지킬 것인가?

참담하고 고독했을 촉박한 시간 앞에서
지엄한 명령처럼
그에게 들려오는 소리 하나 있었을 것이다

* 너는 대한민국 군인이다 *

결연한 의지로 국민을 보호한 의인
대한민국 공군의 자존심이 되어버린
故심정민 소령
나보다 국민의 생명과 재산을 선택한
당신의 거룩한 희생을 추모합니다

· 아호 : 백공
· 월간 문학 21 시부문, 월간 한비문학 수필부문 등단
· 한국시민문학협회 회원
· 시집『인생지도』외 8권, 수필『먼 기억 속의 털외투』

당신을 위하여

이 애 영

봄꽃은 피는데 임은 저물었다
이제서야 피는 줄 알았건만
꽃다웠던, 꽃 같은 내 임은
여린 꽃잎처럼 떨어져
내 마음에 내려앉았다

저물었던 당신이 세상에
베풀었던 것처럼
찬란하게 빛이 나는 별이 되어
뜨거웠던 해가 되어
당신이 가시는 길 어둡지 않게
비춰드리리라

밤하늘 수평선 넘어가시는 길
당신께서 우릴 위해 뜻하신 일
그곳에선 저물지 않고 안온하길

봄날의 꽃처럼 활짝 피길
여름날의 해처럼 밝게 빛나길
기도하며 추모하리

· 인천
· 한국맑은소리문화예술협회 정회원
· 한국맑은소리문화예술협회 총괄이사

귀로

이 승 아

풍경 소리 들리고
운판이 울고
목어는 빈속으로 운다

범종이 고개 숙이고
속에 고인 울음이 터지고

날아갈 듯 대웅전
청기와와 귀면와는
조용히 엎디어
두 손 모아 합장하고
탑돌이 하는 여인의
합장 속에 그리움이
알록 달록 조화가
왜 그리 웃는지
민망스러운 날

활짝 환히 웃는 것 보니
극락왕생하셨나 보다

· 재불교포
· 불어불문학 전공
· 파리에서 30년을 거주

2022년 1월 11일

이 성 호

날개 없이
날으는 사랑
이제 그만

빛 없이
빛나는 별처럼
그 숭고한 사랑에

긍휼한 마음으로
고요히 눈을 감는다

· 서울
· 공학박사
· (주)강남건설건축사사무소대표
·「시연문학집」 가을,겨울호 공저
· 시연문학회 동인

님에게 드립니다!

이 성 형

님 덕분에 의무를 알았습니다.

님 덕분에 책임을
알았습니다.

님 덕분에 희생을
알았습니다.

님 덕분에 헌신을
알았습니다.

님 덕분에 사랑을
알았습니다.

님 덕분에 국민을
알았습니다.

님 덕분에 국가를
알았습니다.

님께서는 떠나셨으나
우리는 님을 보내지
아니 하였습니다.

님 그대 심정민님은
우리 가슴에 남아 계심을
알기 때문입니다 !!!

* 故심정민 소령님에게 드립니다!

님이 가신 길

이 성 형

님이 가신 길은
험난한 길이었습니다.

님이 가신 길은
고통스러운 길이었습니다.

님이 가신 길은
외로운 길이었습니다.

님이 가신 길은
되돌아올 수 없는 길이었습니다.

님이 가신 길은
우리가 갈 수 없는 길이었습니다.

님이 가신 길은
아무나 갈 수 없는 길이었습니다.

님이 가신 길은
거룩한 길이었습니다.

님이 가신 길은
모두가 존경하는 길이었습니다.

님이 가신 길은
모두가 사랑하는 길이었습니다.

님 그대 심정민님이
가신 길은
우리 모두가 거룩하게 추념하는 길입니다.

심정민님
우리 모두 존중하고 존경하며
많이 많이 사랑합니다 !

· 공사 사관학교 사관생도 생활 4년. 전투비행단 근무 10년
· 정찰비행전대 근무 7년. 공군 작전사령부, 전투사령부 근무 4년
· 해군 작전사령부 근무 2년, 육군 제2작전사령부 근무 4년
· 국방대학교(합동참모대학) 교육 1년
· 국방부 근무 2년, 훈련 비행단 비행 교수 근무 7년
· 故심정민 소령의 공사32기 선배. 3비행단시뮬레이션 스승

낙화

이 상 규

바람따라
온갖 사람의 시선을 끌던
찬란한 시간
왈츠 선율에 몸을 맡긴
떨어져 내리는 꽃비

너는 저 낙화하는 꽃처럼
단 한순간만이라도
불길같은 사랑을 해본 적이 있는가

유유히 떨어지는
저토록 여유로운 포기를
언젠가 네 생애를 저처럼
순순히 끈을 놓고
왈츠곡에 맞추어 떨어진 적이 있는가
하늘 반짝이며 비치는
저 산능선에 곤두박질 칠 열정이 있는가

낙화는 떨어졌다가
다시 피는 향연은
바람에 몸을 던질 수 있는 열정이 있어 가능하다만

넌 이 세상의 모든 인연들을
통도사 대웅전 곁에 붉게 달아 오른 홍매화처럼
찬란하게 사랑해 본 적이 있는가

다한 인연과 사랑이
다시 개화하는 윤회의
쳇바퀴에 올라탄
중생의 눈에 어리는 저 찬란한
염화시중의 꽃바다에
온몸을 풍덩 던져 보거라

그는 붉게 피어오르는 홍매화 꽃잎처럼
사랑하는 조국의 산하에
영원히 지워지지 않는
붉은 사랑의 메아리를

남루한 우리들의 생명 언제
단 한순간만이라도 꽃이 될 수
있는
외로운 그 길은
그는 먼저 날아 올랐다
넥타이처럼 풀어진 백년암
오르막 길섶 꽃들의
향연 가득하리라

· 1978 현대시학 등단
·『13월의 시』외 시집 상제

못다 핀 꽃봉오리 - 영웅 심정민 소령을 추모하며

이 두 현

큰 별 하나가 가슴에 박혔다
초롱한 눈빛이 몸부림치는
가쁜 호흡소리 애달프다
삶과 죽음의 갈림길에서
치열한 고민과 굳은 결단까지
얼마나 힘들었을까
가슴 시리다
탈출, 탈출....
차라리 탈출하지 그랬어요?

꽃봉오리 산산조각 날 때까지
전투기 조종간을 놓지 않았던 숭고함
임인년 정월 열하루 오후 촌음에
영원한 빛으로 산화한
민족의 큰 별
사무치도록 목놓아 울어봐도
미어지는 가슴에
벌개취미 꽃 한 송이 올려놓고
당신을 잊지 않으리다

명지바람 불어오네
못다 핀 꽃봉오리가 내뿜는
가쁜 호흡일거야
동토를 녹이는 따뜻한 봄이 된
당신이여

영웅 심정민 소령

이 두 현

꽃봉오리 맺은 아내를 둔
별 하나 떨어졌네
차라리 유성이었더라면

봄이 오고 있는데
하염없이 흐르는 눈물
차라리 빗줄기였더라면

꽃피고 봄 지나면
하늘에 걸어놓은 별이
내게로 다시 올까나

심장이 터져도 조종간 놓지 않은
정의로운 조국의 사나이
민가를 살리고 살신성인했네

그대 이름은 위대한 영웅

· 교육학박사. 월간 〈문학저널〉 등단.
· (사)한국미래문화연구원장, 전북시인협회 감사, 전주문인협회 이사 겸 편집위원, 전북문인협회 회원
· 전북대 겸임교수, 초빙교수, 객원교수 역임하고 현 전남대 강의중
· 시집 『세냇가 모래시계』 외 동인지 다수

한 생명이로다

이 동 만

땅이 요동을 친다.
천둥과 벼락이 친다.
하늘에서 비가 내린다.

하나의 생명에
심장이 멎었다.
모두가
괴로움의 연속이다.

환하게 비쳐줄 태양은
식어만 가고

하늘도 우울한 마음인양
빗줄기가 굵어진다.

아-- 애통하다
한 생명이 꺼져가는 날
하늘도 울고
땅도 우는구나

* 故심정민 소령의 숭고한 희생에 이 시를 바칩니다

· 현 서울 예스안과 이사장
· 송호대학교 외래교수

여우비 같은 인생

이 능 중

삶이 있다는 것은 죽음도 있다는 것

삶의 목표는 여기를 떠나는 것일까?
이 세상 삶의 요약은 참 덧없음이다
한때는 가장 달콤한 날들도 있었겠지

가장 쓰라린 허기로 허리가 꺾였던 날
자줏빛 옷을 입은 채로 마지막 깃발을 들고
남은 정열과 아쉬움을 두고
별 먼지로 조용히 하늘로 떠났다.
죽음이 내렸다. 여우비 같은 인생

실핏줄 같은 빛바랜 추억들
함께할 시간이 더 남아 있는데

태봉산 꼭대기에는 세찬 바람이 분다.

아마도 지금쯤

심소령은 백설기 구름이 되어
저 별에 오르는
사다리를 타고 있겠지

아직도 들리라나 막걸리 잔을 들고
이사빛 영롱한 곳에서 심소령의 명복을 빈다.

선유 이능중.
22. 2. 20. 태봉산 꼭대기에서

· 대한문인협회 회원
· (주) 다원시스템 대표
· (주)본바이오스대표
· 싱어송라이터
· 시집『시가 행복을 껴안다』

놓지 못한 이별

이 경 우

선한 마음으로 선한 길을 달려갔고,
하늘이 먼저 사랑하사 데려간 아들.
신혼의 단꿈 속 새색시의 하얀 마음,
그 이별 놓지 못해 이 밤에 이렇게나
불어대는 바람 속, 흩날리는 흰 국화꽃.

걷는 걸음 하나마다 여유로움 더하고
책임감에서 이제 자유로워지게 하고,
이타의 삶보다 더 큰 조국의 안위를
보듬을 수 있게 해주세요. 저 위에서,

항상 기도하던 그의 삶을 지켜주시고
하고자 했던 모든 것을 이 땅 위에
이룰 수 있도록 이끌어 주세요, 위에서.

감사와 더불어 함께 사는 이들을 위해
행하였던 그의 젊디젊은 삶만큼,
그를 위해 화평하길 바랍니다. 위에서.

하루 하루 주어질 모든 시간 속에
추모자들 모두가 감사와 행복과
은혜로 충만하길 기원합니다.
그를 생각하며 나누는 슬픔과 눈물,
그 청춘의 안타까움을 대신하여,

기억날 때마다 떠난 이를 위하여 기도하게 해주시고,
기도하지 못하는 날에도 후배의 영혼을 굽어살펴 주소서 !

· 한국시민문학협회 회원

별이 지다 - 故심정민 소령을 기리며

이 강 흥

청춘의 꽃으로 세상을 날다가
하늘에서 별이 지다

하늘에서 떨어진 별이
민초들에게 피해를 주지 않으려고
꽃으로 승화해 져버리니

참으로 숭고하고
진정한 애국자이며
죽음 앞에서도 나라와 국민을 생각하는 마음이 아름답게 빛난다

님이시여
이제 편히 잠드소서
당신이 진정한
이 나라의 아들이고 고국의 별입니다.

· 시인, 수필가, 칼럼니스트. 전남 보성 출생
· 월간 한맥문학과 계간 문학과 의식으로 등단
· 서강대학교 공공정책대학원 졸업, 세계한인작가연합 사무총장, 한국문인협회 정책개발위원
서대문문인협회 회장(전), 국제펜한국본부 이사, 계간 문학과의식 기획위원.
한국문인산우회 회장. 순수문학 이사. 한강문학 이사. 한맥문학동인회 감사
한국문협 서울시지부회장단협의회 감사
· 저서『바람이 스치고 간 흔적』『나는 또 수작을 건다』『이제 , 말을 하라』『당신의 텃밭』『이 시 (詩)를 기다리고 있었네』.『사라져 가는 것이 아쉽다』외 다수
· 전자출판 -『가려진 세상』『가을이 물들면 사랑에 빠진다』
· 제24회 영랑문학상 대상, 푸슈킨문학상 , 서대문문학상 .아리수문학상 수상

봄에 미치다

윤 영 애

눈부셔라
벚꽃님이 오셨네

난 알 수가 없다네
어디로 떠나버릴~지
누구를 만나게 될~지
무엇을 어떻게 담아낼지

내 마음을
내가 알지 못할 님이 도착했으니

이대로 벌판에 버려진 광려가 될지라도
그의 속살과 뒤엉켜 함께 한
몽한 날들을 어찌 잊을 수 있으리

정녕코 그가 오는 날에는 내가 미치지 아니할 수 없나니

· 한국문인협회 김해지부, 경남문인협회, 가야여성문학회 회원
· 정이꽃피는작은도서관장
· 시, 수필 등단

빛이 되신 님이시여!

윤 경 숙

저 푸른 창공에 큰 꿈 펼치시려
대한의 공군이 되시어
하늘을 날으시던
고운 님이시여!

그 창대한 꿈 미쳐 다 펼치지 못하시고
저 푸른 창공에
빛으로 머무시니
이 땅에 머물고 있는 우리는
그 황망함을 어찌할 수 있으오리까?
어찌 표현할 수 있으오리까?

그토록 고귀하신 님을
이 작은 가슴에 품을 수 있으오리까?
충분히 비상 탈출하여 살 수 있었음을
충분히 아셨을 텐데
어찌 그 길을 놓아 버리시고
버리시고 가시었나이까?

우리는 부끄럽습니다.
우리의 부끄러움을 어찌 표현할 수 있으오리까?
종교보다 더 거룩하신
더 거룩하신 님이시여!

그 거룩하신 큰 뜻
殺身成仁
잊지 않겠습니다.
잊지 않겠습니다.

길이 받들어 따르겠습니다.
길이 받들어 따르겠습니다.

모쪼록
천국에서 편안히 영면하소서
영면하소서

· 시인, 작가, 소설가
· 서울구치소 불교종교위원, 군부대 상임법사, 서울시 자원봉사 교육전문강사
· 서울시장 표창
· 천안 대암사 주지법사 등 활동
· 시집 다섯, 소설 하나, 에세이 둘 - 8권 출간
· 현) 월드시니어유니온 위원장

대한민국 보라매

유 병 옥

이륙하는 전투기와 한 몸 되어
조국 영공 수호할 때

국민들은 즐거워하며
기뻐했도다

불꽃같은 짧은 삶으로
생애를 마감하니
통탄하도다

군인의 참된 정신
찰나의 순간에도
잊지 않고 보여주다니

어찌 잊을 수 있겠는가
역사는 기억하나니

· 인천
· 부평GM코리아 근무
· 시연문학회 동인

누굴 위해

옥 민 주

어떻게 이런 일이
참담한 사건을 보도로 접하고
안타까운 젊은 분의 산화 소식

그는 목숨을 나라에 바치고
많은 꿈들 가슴에 묻은 채
가족을 뒤로하고 먼 길을 떠났다

두 눈에 눈물이 흐르고
숭고한 정신을 나라에 바친
그의 투철한 정신

잊어서는 안 될 우리의 마음
나라를 위하는 그의 뜻을
언제나 마음 깊이 새겨야 한다.

· 2019 청옥문학 등단
· 청옥문학협회 이사
· 석교 시조 문학회원
· 청옥 시낭송 회원
· 푸른 원두막 회원
· 부산 기장군 생활 연합회 재무

심정민 소령

오 나 금

19초의 시간이 주어졌다면
어떤 삶이 자기를 버릴 수 있을까요

한 번 숨의 시간도 못 되는 귀중함을
얼굴 모르는 타인을 위해 쓴다는 것은
빛입니다

어느 종교 경전
태초에 빛이 이런 빛 아닐까요
또는 평생 수행 스님의 귀한 열반 아닐까요

그 청춘은
그런 것 생각하지 않았습니다
장하다
귀하다 빛 열반 등...
남은 자의 경배일 뿐

가슴 뜯는 아버지 곁에
돌아오지 않는 길을 선택한 아들
뜯겨진 가슴에
청춘소령을 묻습니다

무위열반 심정민
추모합니다

· 대전
· 시연문학회 동인

비상飛翔

예 시 원

스물 아홉 살 몸뚱이로 맞은 비행장 근처
산마루 너매 붉으레미한
희뿌연 데펭이 길을 걸으며 정적을 깬다
밤마다 깨어야만 하는 이 길

한때의 햇살이 땅의 중심으로 내리면
신새벽 활주로에선 고막을 찢는 굉음이
돌아누울 수 없는 확신으로
비금찬 붉새를 맞으며 창공을 오른다

조종석 너머로 비치는 여명이
그대 삶을 다시 생각하게 하는 새벽
오늘의 숭고한 희생이 조국의 내일을 열고
빛나는 새가 되어 창공을 영원히 나래쳐 오를 것이다

· 경북 청도 출생
· 막심 고리끼 탄신140주년 기념대축전 소설부분 최우수상 수상
대한민국 디지털문학상 수필부분 대상 수상
· 시집『아내의 엉덩이』『행님의 이바구』수필집『양복입고 자전거 타기』
소설집『길 없는 길을 찾아서』등

바람 결을 날아 올라 - 故심정민 소령을 추모하며

여 승 익

지난 1월 어느 날
수원 비행장을
박차고 날아오른
빨간 마후라

겨우내 찬 바람
이겨내고
떠오른 기체와 함께
산화한 그대의 정신

우리들 마음 속으로
깊게 새겨져
삶을 살아가는
남은 이들 빛이 되리니

영원한 보라매
나라를 위한
그대의 깊은 충정
길이 청사에 새겨지리라

· 경남 하동
· 시인, 수필가. 산악인
· 문학예술 시부분 신인상 등단(2017봄호)
· 에세이문예 2021년 가을호『치밭목 산장』으로 신인상 등단

숭고한 정신

엄 경 덕

오늘도 푸른 하늘은 말이 없고
살신성인인 대한의 남아가
조국의 영공에 자신의 몸을 던졌다

무엇이 그를 암담한 불기둥의 지옥으로
자신의 삶을 빼앗아 갔는지 모르고
본인을 지킬 수 있는 시간을 묻어 버렸다

하늘도 무심하지 할 일이 많은 젊은 영웅을
차디찬 바닥으로 내팽개쳐 버렸고
가족들의 두 눈에는 피눈물을 흘렸다

숭고한 그의 정신은 국민 모두의 가슴에
상처로 얼룩지고 비참하게 남겨져 있지만
나를 던지고 하늘의 빛나는 별이 되었다

잊으려 해도 잊지 못할 그날의 기억
하늘을 지키다 산화한 그 숭고한 정신
또 다른 세상에서 행복을 영위하소서

· 한국시민문학협회 회원
· (사)한민족예술문화진흥협회 부산지회장

등불 그대

안 젤 라

민초를
우뚝 세운
숭고한 정신이여

영원히
꺼지지 않는
등불로 남아

길이길이
이어질
어둠길 밝히리

· 서울
· 철학박사
· 국민대학교 소속
·「시연문학집」 여름,가을,겨울호 공저 외
· 시연문학회 동인
· 빛이나는책들 대표

추도사

안 재 운

피 끓는 약관의 나이에 청운의 꿈을 안고
조국의 하늘을 지키는
공군 사관 64기로 임관
푸른 하늘의 조종사가 되었지

오늘도 평상시와 같이 하늘을 나른다.
갑작스러운 기체의 고장
민가에 추락하면 우리 겨레가 죽을까봐
나만 살자고 비상 탈출을 시도하지 않고

조국과 민족을 위한 고귀한 희생정신으로
기어이 기체를 이끌고 민가를 피해 야산에 추락
기체와 함께 일심동체가 되어
28세의 꽃다운 나이에 산화하고 말았지

하늘을 나르는 우리 꿈을 보아라.
하늘을 지키는 우리 힘을 믿으라.
죽어도 또 죽어도 겨레와 나라
가슴속 끓는 피를 저 하늘에 뿌리고 말았네.

오-호- 통제라 승승장구하였을 것을
아무나 할 수 없는 고귀한 희생
우리 겨레는 영원히 잊지 않겠습니다.
삼가 고인의 명복을 빕니다.

* 2022 01 11 13:44 공군 수원기지 근무 중 화성인근에서 추락 산화한
故심정민 소령의 명복을 빌며

· 한국 경찰문학회 전북회장, 한국문인협회 회원, 전북문협 회원, 고창문협 회원
· 매산 장학회 회장 2022 05 현재 17회째로 110명에 5400만원 수여
· 고창예술인상 제정, 고창문학상 수상, 고창군민의장 수상
· 고수면민회장으로 부터 공덕비 세워 받음
· 고창군 명예의 전당에서 나눔과 봉사 기부천사 헌액패 수령

보고 싶다

안 명 진

비가 옵니다
그립습니다

눈도 옵니다
더 보고 싶습니다

꽃이 핍니다
마음이 아픕니다

봄이 오고 꽃이 피고
비가 오고 단풍 지고
그렇게 세월가면 갈수록

그대가 더욱 그리울 겁니다

남은 이들은
애간장이 녹아내리도록
사무친 그리움으로

아직 꽃처럼 피어있어야 할 그대가
더욱 더 그립습니다.

· 경기 부천
·「시연문학집」 겨울호 공저
· 시연문학회 동인

미완성

심 재 철

무엇이 그리 바빠
일찍이 청춘을 노래하셨나요
한창 밝고 빛나는 시절에
나비타고 구름에 올라 유랑길
떠나셨나요!

못내 아쉬운 그대 추억에
눈가에 맺힌 이슬 한 방울 두 방울
내 가슴에 아롱져 흐르는데

산이 좋아 산에 오르고
물이 좋아 실개천에 발 담그고
꽃이 좋아 꽃잎에 입 맞추던 시절
아름답고 고운 마음 향기되어
시조로 읊어 풀어 헤치던
슬픔 속에 젖은 못다 한 여백을
이승에 남겨주고 가셨나요

봄이면 태봉산 기슭에 불어오는
산들바람에 집 뜰에 피어나던
골담초를 그리워하고
향토 들판에 뛰놀던 어린시절
강가에 버들강아지와
물속에 잠든 달과 별이 동무 되어
함께 웃던 추억 어린 고향산천

아! 미완성의 여정으로 꽃이 되어
나의 마음에 피어오르니
그대가 남겨놓은 인생의 여백에
나의 불멸의 꽃을 피우리라!

· 부산 영도구 출생 / 서울 거주
· 2020『세계문학예술』시 부문 등단
· 구암문학회 회원. (사)세계문학예술작가협회 서울지회장
· 2020 (사)세계문학예술작가협회 신인문학상
· 2020 (사)세계문학예술작가협회 올해의 작가상
· 저서 2020 구암출판사 시선집 3『무명초의 향기』시집 출간
공저 2020『시향천리 인향만리』동인문집 출간

나 그대를 사랑하리니

심 재 영

나, 그대를 사랑하리니
내 마음 깊은 곳
차마 그대가 떠난 슬픔이
저 머언 하늘을 헤매이다
은하수가 되어

빈 겨울
얼어붙은 들판 위에
떨어지는
폭설이 되리니

세상의 모든 슬픔
세상의 모든 고통이
한순간 밀려와도
그대가 떠난
슬픔보다
더 하진 않을 것을…

나.
그대를 사랑하는 것은
세상의 모든 빛이 꺼진 뒤에
남아있는 사랑의 불씨
그대의 빛이
오늘

내 심장에서 타오르기에
나.
그대를 사랑하리니...

· 성바오로수도회 수사, 시인, 시낭송가. 성바오로수도회 한국준관구 원장, 관구장, 한국천주교 장상협의회 상임위원 역임
· (사)국제문화예술협회 열린문학 '사랑이 강물처럼 밀려오네' 시 부문 본상 수상 등단.
· 세계환경문학, 문화예술, 평화봉사, 국제선교평화대상. 국제문화최고공헌장, 한중문화예술특별상 수상.
· 대표시로 '사랑이 강물처럼 밀려오네', '당신을 사랑합니다', '사랑의 꽃', '아! 그날의 함성 위대한 평화의 길', '논개', '사랑의 말만 하게 하소서', '너는 사랑으로 나는 꽃으로', '사랑의 말만 하게 하소서', '우리는 사랑으로', '그대라서 행복합니다' 등. 인문학예술지 음반으로 작품 다수 발표.
· 성바오로미디어 대표 예술감독으로 한반도 평화 기원 세계적인 바이올리니스트 이승일<LAVITA>(2019) CD, 150여종의 다수 음반 출시.
· (사)국제하나예술협회 꽃뜰힐링시낭송 연구회장으로 2020년 표준 발음법에 의한 '시낭송 교본'(엄경숙, 심재영 공저) 출간

하늘의 별이 되다 - 故심정민 소령을 추모하며

심응섭

기러기떼가
지나간 빈 하늘을
보다가 문득
당신이 생각났습니다

故공군 소령 심 정 민
훈련 도중 많은 민가 상공을 비켜
한 목숨 장렬하게 산화한 당신!

그의 죽음 앞에
"조국의 푸른 하늘을 지키는
별이 되고 말았다" 라고 하는
영결식에서의 애절함을
상기해 본다

한 생명 바친 숭고한 희생이
주민 모두의 화를 면하게
하지 않았는가?

자신의 생명보다 조국과
국민을 먼저 생각하는
살신성인의 정신은
해와 달이 굽어보리라

나는 지금
하얀 제비꽃이 되어
추모의 글을 적고 있다
꽃은 피었다 사라져도
그 향기 그리움으로 채워지듯
당신의 이름 하나 가슴 깊이
새겨 두고 싶다

· 충남 서산 출생. 『문학세계』 시 등단. 건국대학교행정학박사.
· 시집 『묵향이 머문 시간』 『한글문자예술』 외
· 대한민국 서예문인화대전 대상(문화관광부장관상) 외. 녹조근정훈장 수훈
· 현) 늘빛한글문자 조형박물관장. 순천향대학교명예교수.
수덕사선미술관운영위원장

보라매 심정민 그대여!!!

심 명 주

하늘이 어디든지
천명이 무엇이든

무궁화 피는 땅은
보라매 방공구역

이곳에 혼을 묻되
정녕 그대는 무엇이 두렵겠는가!!!

나홀로 푸른 창공 속 조종간을 잡아
영공수호의 칼날 같은 비장한 사명감으로

삶과 죽음의 경계에서
그대의 고귀한 희생이 백성의 안전을
지키고 하늘을 수호하는 찬란한 별이 되어

그대 혼이 이 강토를
영원히 지킬 것을 맹세하노라

· 현 한국출산장려협회 양산지회장
· 현 양산시 기부심사위원회 위원
· 현 양산시 일자리창출위원
· 현 청송심씨대종회 회원
· 현 모래놀이 체험 교사
· 현 파문걸락 공방운영

하늘의 꽃으로 피다

신 현 덕

2022년 1월 11일 서산 야산에
추락 산화한 스물 아홉 꽃다운 젊음
자기 한 목숨 희생하며 놓지않는 조종간

수많은 시민 학살하고도
죽어도 회개하지 않는 인간들
자기들 허물 덮으려고 아우성 치며
국민들 위한다고 떠들어대는 위선자

보라 한 젊은이의 희생 정신을
나 아닌 다른 사람을 위해서
몸소 실천한 고귀한 희생
오늘 우리는 진정한 아름다운 삶
어떻게 살아가야 하는지 보았다

하늘이시여!
꽃보다 더 아름다운 이 젊은이
영원한 꽃길로 인도하소서!

심정민 소령을 기리며

· 강원 횡성군거주
· 횡성문인협회 회원
· 2020년 12월『월간 문학세계』어머니의 베틀 2편 출품 신인상 수상
· 횡성 둔내면 합창단 단장

슬프고 고맙고 기쁘다

신 진 영

너의 마음이 그러하였느냐
내 마음이 부끄럽다

조종간을 잡은 이의 지침은 이러하다
돌아오라
살아서 돌아오라

국가의 명령보다
나의 생명보다

더 귀한 걸 선택한 그대는
모든 이의 기억 속에
영원한 보라매로 남을 것이다

· 경남 울산
· 「시연문학집」 가을호 공저
· 시연문학회 동인

故심정민 소령에게 드리는 편지

신 용 우

미안하오, 심 소령.
평생 글을 벗하며 지내왔다 자랑했건만
막상 심 소령 영전에 글을 올리려니
3류작가 티 내느라 그런지 영 볼품이 없기에,
차일피일 미루다가 더 이상은 미룰 수 없어
내 주제가 여기까지라는 심정으로 붓을 들었소.

얼마나 무섭고 힘들었소이까?
1년차 신혼의 아내는 눈가에 머물지만
조종간을 놓으면 백성들이 기거하는 마을을 치받을 것 같아
비상 탈출 레버를 당겨야 하는 그 손으로 조종간을 움켜쥐고 있던
그 10초가,
이대로 가면 반드시 죽고 만다는 그 10초 동안
군에 있는 것이 봉급 타서 먹고살기 위해서가 아니라
나라와 백성 지키기 위함이라는 신념 하나로 조종간을 움켜쥔 채,
눈가에 머문 아내와 마을에 머무는 백성들이 교차하던 그 10초가,

얼마나 힘들고 무서웠소이까?
솔직히 내 주제는
전투기값도 모르고
국방예산이 어찌 쓰이는지도 모르지만
정말 낭비하는 것 없이 알뜰히 쓰였다면,
국방예산 뿐만 아니라 나라 예산이 새는 것 없이

그동안 정말 알뜰히 쓰였다면,
나 같은 나부랭이가 대북 지원사업 내역 알리도 없겠지만
때로는 안 받겠다 큰 소리로 거부하고
때로는 구걸하는 게 분명한데도 뻣뻣하고
때로는 공갈협박인지 읍소하는 건지 구분도 안가는 북괴놈들에게
삥뜯긴게 얼마인지는 모르겠지만 그것만 잘 모았어도,
전투기 한 대 사올 수 있지 않았을까?
그리고 몇십 년 된 KF-5E 대신에 그걸 심 소령이 탔다면?
부질없는 생각인지 알면서도
너무나도 안타까워
상소리 섞어가며 주절여본 거라오, 심 소령.
그저 미안하고 죄스런 마음뿐이라는 것, 이해해 주시구려.

무섭고 깜깜한 10초를 견뎌 산화한 목숨은
3계급, 4계급 특진도 아깝잖지만,
그건 또 무슨 의미가 있겠소이까만,
겨우 1계급 특진이라는 허울만 좋은 대가로 값을 하려 하니
그 역시 허망하고 미안하기는 그지없소이다, 그려.
솔직히 염치없고 부끄러운 마음이오만
저승에서 다시 태어나더라도
심 소령과 같은 나라에서 태어나고 싶다는 마음은 진심이외다.

허나, 나만 안전하고 편안하게 잘 살겠다는 말 같아
미안하고 죄스런 마음 어쩔 수 없어
그나마 입 밖으로 꺼내기도 부끄러울 뿐이오.
그만 주절여야겠소.
먼 저승길 가는데 도움도 못 되는 3류작가의 서툰 글을
그저 왼쪽 눈 한켠으로 슬쩍 훑어보고라도
조금이나마 위안이 되었다면 너무나도 고마울 뿐이외다.
잘 가시오, 심 소령.
미안하외다, 심 소령.

· 행정학박사(지적학 전공). 작가. 칼럼니스트. 영토론강사
· 장편소설 〈천추태후〉 〈혁명, 율도국〉 〈환단고기를 찾아서1:고조선과 대마도의 진실, 2:일본왕실의 만행과 음모, 3:중국이 날조한 동북공정을 깨라〉 〈명성황후는 시해당하지 않았다〉, 인문교양서〈대마도의 영토권〉등 저술.
· 영토론강사로 올바른 우리문화와 역사의 이해를 통해 잃어버린 우리영토 수복을 역설하기 위해 역사는 과거가 아니라 미래를 설계하기 위한 자산임을 강조한다.

살신성인

신 오 선

나라를
지키기 위해

혼신의 힘으로
조종석에 앉더니

민초들의 모습까지
눈여겨 보았던 당신

비행기의 낙후로

사고 발생되는 순간에도
국민의 안전과
평화를 갈구했던 당신

조국의 산하에
당신의 이름
영원히 기억될 것입니다

필승

· 2001년 구상시인에게 사사 받으면 時作 활동.
· 강동시조 연구회 회장 李津淑 시인으로부터 美庭 이란 호를 하사
· 블러그 <<아름다운 뜨락>>운영
· <<당선작>>선창포구
· 『그리움으로 지는 별』(2001. 성베드로 출판사). 『영혼의 창』(2002. 성베드로 출판사) 『사랑의 선율』(2009. 좋은 생각)
특선시인선 참여(2009~2011). 사단법인 창작문학 예술인협의회 계간지 참여(2009~2012). 현대시를 대표하는 특선시인선 공저(2011). 월 봄빛초대장 고동시집 및 그 외 다수(2011). 뜨락에 머무는 시향 시사랑 음악사랑(2012). 대한민국 특선시인선 공저(2012~2013). 지필문학 창간호 공저(2012). 대한민국 지필문학 대한민국 현대시인 12인 선정(2012). 꽃들의 붉은말 공저(2013~2019). 영남문인회 동인지 시나브로 동인지(1~9집)(2013~2021). 대한민국 지필문학 동인지 고요한 외침 공저(2013)

벚꽃 엔딩, 너머 – 정민에게

신 기 훈

네가 디뎠던 발자국 자리마다
봄 햇살 무너져 내리고
가지마다 팝콘처럼 꽃망울 터져 오른다
벙글어진 벚꽃터널 밑에서 쳐다보면
참 넓은 꽃바다
하늘을 사랑한 너는
전투기 위에서 저 꽃구름 산책을 했을까

무학산을 바라보는 교실 복도의 차창가
네가 주었던 그 눈길을 되짚으며
오늘은 저 벚꽃나무의 우듬지를 본다
하늘을 향해 켜는 나무들의 기지개
한 뼘쯤 들어 올려지는 하늘

네가 나섰던 교문
좀 더 큰 거리로 가는 길목마다
흩날리며 꽃비가 내린다
팔랑거리며 좌와 우의 균형을 잡으며
천천히 쓸쓸하게 착지하던 낙하산처럼
임무를 마치고 마셨던 선술집 맥주잔 속 기포처럼
꺼져 내리는 거품 거품들
꽃들이 다시 땅으로 돌아가고 있다

어김없이 봄이면
꽃등을 달고 우리 곁에 돌아올 저 꽃나무들
배를 시멘트 바닥에 끌며 뒤척일 꽃잎들
우리들 가슴에 흩날릴 그리움
꽃 진 자리에 돋아나는 저 잎새들처럼
너에 대한 그리움은 다시 벙글어지겠지
봄의 끝자락에서 벌써 우린 너를 기다리겠지

· 시인
· 능인고 교사

숭고한 희생

신 광 용

숭고한 희생을 추모합니다.
사람이 가장 소중한 것이 자기 목숨이다.
그런데 자기 목숨을 초개와 같이 버린 사람들이 더러 있다.
우리는 그런 분들을 숭고하게 추앙하며 우러러본다.
나라를 위해 희생한 분들을 위인으로 칭하고
국민을 위해 희생한 사람들을 의인이라 칭한다.
故심정민 소령은 의인이다.
지난 1월 수원비행장에서 전투기로 날아올랐지만
1분이 채 안되는 시간에 화재가 발생하였다.
그럼에도 침착하게 대응했고 근처 민가로 추락하는 전투기를
끝까지 붙잡아 자신이 탈출할 수 있음에도 포기하고
결국 전투기와 운명을 같이했다.
만일 전투기에서 탈출하였다면 수십 명의 목숨이 사라졌을 것이다.
이 숭고한 희생을 추모하며 우러러봅니다.
오늘도 하늘에는 비행기와 전투기가 날아간다.
故심정민 소령의 원혼이 편안히 안식하길 빌어본다.

· 거제 능포거주
· 거제 노무현재단 회원

滑空 - 故심정민 소령 영전에

신 계 전

하늘을 수호하고 이 땅을 사랑했다
얼마나 참담했나 날 수 없는 비행길이
그 무엇 보이지 않는 마지막을 보았으리

풀잎도 숨죽인 채 떨고 있는 산하에는
그대가 남기고 간 눈동자만 살아있어
이대로 보낼 수 없다 길을 막고 누웠어라

숭고한 영혼으로 천상을 날아올라
하늘을 끌어안고 통한의 길을 떠나
우리네 가슴속 깊이 이명으로 추락했네.

· 한국시조협회.한국문인협회회원
· 계간청안문단 편집주간

조국의 하늘에 남은, 기적 - 영원한 보라매에게

성 낙 수

유년시절 종이비행기 접어들어
푸른 하늘의 보라매 꿈을 키워
최정예 하늘의 보라매 된 당신
늠름하게 담금질한 찰나의 결단으로
숭고한 정신 남긴 호국의 불꽃이여

보라매의 예리한 품세로 하늘 품어
다 말하지 못한 입술 속 굳게 담은
누구도 못 당하는 기백 타고 나서
몸에 밴 순리로 순간을 영원히
조국 위해 한치의 망설임 없이

보조개 짓고 있는 영겁의 무지개로
폼 나는 종이비행기 타고 동심으로
날아가면 당신은 눈빛 맑은 친구들
다정히 함께 창공 보듬어 가르며
잊지 못하는 그리움의 봉오리 맺혀

살아서나 죽어서나 굳건한 보라매로
포기 없이 조종간 끝까지 놓지 않아
조국의 하늘 희생으로 영구히 지켜
사방 나지막이 독경소리로 번져
푸른 하늘에 남은 뜨거운 기적으로

유년시절 종이비행기 접어들어
푸른 하늘의 보라매 꿈을 키워
최정예 하늘의 보라매 된 당신
늠름하게 담금질한 영겁의 결단으로
숭고한 정신 남긴
호국의 불꽃이여

· 충북 옥천 출생, 본적은 충북 청주
· 내륙문학, 추풍령문학, 마음을 가리키는 시 동인
· 청주시문학협회, 충북시인협회 회원
· 시집『소리의 일상』외 5권

??는 너무 멀다 - 故심정민 소령의 명복을 빕니다

성 군 경

인생은 잠깐 눈에 보이다 사라지는 구름이다
시간은 흘러가는 것이 아니라 쌓여가는 것이고
삶은 그 순간순간의 합이다.

세상에 지식이 넘쳐날수록 삶엔 지혜가 귀해진다
삶의 진정한 승자는 하고 싶은 일에 최선을 다해서 도전하고
노력하여 나름 가치를 창조하며 어떤 경지에 이르려고 하는 사람이다
여기에는 1등, 2등의 등수가 필요 없이 누구나 승자가 될 수 있다.

산다는 건, 살아있다는 건,
내가 그대가 서로의 가슴속에 느껴지고 있다는 뜻이다
분명한 건, 지금 그대와 나는 이 지구의 영혼이다
배려나 양심은 개인의 자유영역이고
운 없어 넘어져도 상처만 남진 않는다

이 세상엔 꼭 그래야 된다는 것도 없고
절대 그러지 말아야 된다는 것도 없다
끝없는 도전 속에 해내고
지켜낸 것들이 지금의 나를 우리를 만들었다

깊어진다는 말은 상처가 겹겹이 겹쳐져 오묘해지는 것
신념과 노력이 가져다주는 위대한 결과물에 감사하자
세상일은 단풍잎 한 장으로 푸름과 붉음의 경계가 사라진다

· 한국시민문학협회 회장
· 대구경북작가회의 회원
· 시집 「흔들리지 않는 건들 바위 관사촌」「고속터미널에 핀 네온사인」
「어항속의 泛魚로터리」「벚꽃도 거리에 날리더라」
「영천댐 옆 삼귀리 정류장」 등

국화꽃 한송이 내려놓으며

서 영 복

마른 하늘에 천둥번개 치더니
한 그루의 나무는 꺾어져 들풀처럼
드러누워 버린 채 돌아올 수 없는 먼 길을
떠나갑니다

먹구름 자욱한 하늘은 울부짖으며
비는 그칠 줄 모르고 내려와
땅을 적시며 방울방울 젖어듭니다

마음 한자락 허공 속에 아픔을
던져보지만 인생무상함은
말없이 밀려옵니다

이 세상에 올 때는 당신은
울고 있었지만
이제는 저 세상으로 돌아가며
많은 사람들을 울게 하십니다

이 세상 미련이랑 다 접어들고
먼 길 잘 가시라며 빌고 또 빌고
천상에 가셔서 못다 핀 꽃 피우시라며
마지막 인사를 나누며
국화꽃 한송이 내려놓은 채 보내드립니다

사랑으로 물들이던 삶은
떠나간 빈자리를 통해 아른거려오니
그런 당신을 그리워하며
우리는 기억하며 잊지 못할 것입니다
우리는 기억하며 잊지 못할 것입니다

· 한국 리서치 패널. 법무부 보호 위원 위촉(2018.8.6)
· 한일 교류 초대작가 및 서울대 시서전 초대작가. 프랑스 파리 시화전 초대시인(2016)
· 한국 노벨상 지원 재단 경기지부 추진 위원. 황금찬 시인 노벨 문학상 추대위원
· 전국 자연 사랑 시화전 수상(국회의원상 제4.5회). 한춘 전국 공모전 시. 수기 부문 수상(1'2회).
올해의 문학 작품상 수상 및 21세기 문학상 수상(문학신문. 14.15)
지하철 시 작품 공모전 당선(2015). 구로 오늘 신문상 수상(2015). 문학신문 신춘문예
(올해의 문화 예술인상 문학 부문 수상. 2016년)
· 서울특별시 의회 의장 표창장 수여(2017.9.23). 고양시 의회 의장 표창장 수여(2018.1.27)
· 제10회 남북통일기원 대한민국 한양 예술대전(시화. 캘리그래피 부문(우수상) 2018.04.18)
송강 문화축제위회 표창장 및 정재호 국회의원 표창장외 다수(18.9')
제4회 예천 전국 시낭송 대회 대상 수상 및 그 외 다수(2017.9.)
· 문학광장 대외 협력부 회장 및 그 외 다수. 민주문인협회 시낭송 단장 및 한양문인협회 외 다수
· 문학愛 자문위원 겸 시낭송 부문 심사위원. 한국다선문인협회 부회장 및 그 외 다수
한국 문예학술 저작권 협회 회원 외 다수(사)

그대의 침묵에는

박 지 훈

능인고 30회 졸업생
절친한 후배 중에 박00라는 사람
그는 입버릇처럼 언제 어디서나
희생은 "능인의 교훈"에서 굳어진 것이다

인간의 존엄은
어긋난 사회 지금의 풍토병을 압도했다

지금
네 영혼 무엇을 지키고 있는가
탐욕스런 무리들의 감언이설,
오로지 사리사욕의 오욕으로 뭉쳐진 사회를
오롯이 바라보는가?

힘없고
가여운 민초들의 쓰린 가슴을
네가 침묵으로 대변하는데
니편 내편 중에 내편만 바라기하는 오욕의 질서를
삶은 "이런 거다!"라고
무거의 항거로 눈을 감고
목숨을 던지고 말았다면 아프다
모를 거다
아니 알려고도 하지 않을 거다
"그건 네 운명일 뿐이야!"라는 자기들만의 편대들은··
그래서 더욱 화가 난다
두렵다 이만큼 편갈이 하고도 모자라서

부끄럼도 없이 여전히 아전인수의 편대장과 무리들
그대는 아는가?
주검의 깊이에,
하고 싶은 말 침묵하며 깊게 가두어 놓았던 의미가
가벼운 위로를 벗어나 얼마나 고귀한 일깨움인가를!

잘 가시게
여느 노회한 심정의 한탄이 그저 부끄러울 뿐이어서
미안하오
능인의 후예는 그렇다오
죽음도 초계처럼 버려도 후회 않는

잘 가시게
자신만의 야욕으로 살아가는 벌레 같은 사람에게
높디높은 삶의 가치가 무엇인지 모르겠지만
우리는 알고 있다오
그대는 "삶은 이런 거다!"라는 침묵의 고귀한 가치는
우리를 슬프게 하겠지만
진정 사랑할 수밖에 없음으로
님의 희생은
더욱 아프게 다가옵니다

· 경북 대구
· (주)대영 기획실 사장
· 시연문학회 동인

산과 강을 건너

박 덕 례

겨울 햇살 너머
한 영혼이
안개강 건너 바람 따라간다

이 세상 태어나
옹이 흔적 남기고

사랑하던 임이여

못다 한 이야기
숲속 나뭇잎에 새겨 두오니

바람인 듯 오시어
강 물빛인 듯 오시어

산에 산에
메아리 열리게 하소서

· 저서『엄마도 꽃이란다』
· 현. 꿈 사랑봉사단체 회장
· 현. 한국문인협회 정회원

은하수로 내려 앉은 님이시여!

박 대 제

보라매는

청옥빛 호수에 담긴 창공을 날며
금수강산으로 수놓인
내 조국을 날개짓 아래로 헤아리고 있었습니다

아버지 어머니 형제 자매들
그리고
다정했던 동무들이 도란도란 숨결을 나누며
살구꽃 고을을 이루는 그곳,
무엇보다 결혼한 지 채 1년도 안 된 신혼의 사랑하는 아내를 떠올리며
그는 억겁의 갈림길을 넘나들었을 것입니다

'보라매야, 보라매야 -
단 한 번만 내 소원을 들어다오'

그는 애절하게 절규하며 조종간에 매달렸지만

최첨단의 공학적인 기술을 탑재한 보라매는
망나니가 되어 제어할 한계를 넘어선 채
곤두박질을 치고 있었습니다

신이시여

굽어 살펴 주시어
제가 할 수 있는 마지막 선택은
보라매의 기수를 붙잡아 민가의 고을을
벗어나게 해주시옵소서

꽃으로 만개하던 심정민 소령은
신혼의 사랑하는 신부와 부모님,
함께 했던 동무들과 작별 인사도 나누지 못한 채

은하수가 되어
산화되어 갔습니다.

* 故심정민 소령을 추모하며.

· 1960년 경남 사천시 출생
· 2020년 계간 다향정원문학 겨울호
· 시와 수필작가로 등단

잊혀지면 안될 당신

박 다 은

무궁화꽃 그대여
하늘에 날개 달고
바람의 손잡고 민족을 위해
나라 사랑하는 뜨거운 마음

어디에서든 찬란하게
별이 되어 우리들 아들로서
다시 태어나길 바랍니다

아주 오랫동안 기억 속에
저장해 두고 그대를 영원히
기억할 것입니다

· 전남 담양
· 2015년 문학공간 시인등단. 한실문예창작 회원
· 종합문화예술 행복충전소 사무총장
· 시를즐기는사람들 상임이사
· 「시연문학집」 봄,여름,가을.겨울호 공저
· 시연문학회 동인

희생으로 복 지은 그대여

박금자

젊고 어리다고
자신의 생명이
고귀하다는 걸
모를까

훈련받은 대로
비상 탈출을
시도했다면
그 고귀한 생명이
지켜졌을 테지만

수많은 생명들이
죽음을 마주할 것을
차마
모른 체 할 수 없던게지

한 목숨 바쳐
수많은 생명
지켜낸 그대는
나라를 지키고
국민을 보호하려
전쟁터에 자원한
국군장병의
마음을 지녔습니다

아름답고 거룩한
천사의 마음으로
훨훨 날아서
하늘나라로 가셨습니다

부디
좋은 곳으로 가셔서
현생에 못 다 누린 행복
맞이하시기를
기원합니다

아울러
남겨진 가족분들께도
심심한 위로의 말씀을 전합니다
가족분들께서도
슬픔이 크시겠지만
고인의 소망대로
건강하고 행운이 깃든 삶
함께 하시기를

· 경기도 양평 출생
· 유치원 교사
· 시세계 시조 및 동시조 부문 신인상 수상
· 역동 시조문학 시조 부문 신인상 수상
· 「시연문학집」 봄,여름,가을.겨울호 공저
· 시연문학회 동인

호국용이 되어 빛나리라

노 준 상

그는 길가 풀 한 포기
함부로 밟지 못했다

그는 나뭇잎 하나
함부로 따지 못했다

그조차도 모자라서
모두를 위해 용이 되었다
세상을 빛내는 용이 되었다

동해 문무왕과
서해 장보고와 나란히
하늘의 호국용이 되었다

· 일산
· 시연문학회 동인

하늘이 너무 작은 나의 큰 별

김 혜 정

빨간 마후라
독수리처럼 훨훨 날던
대한의 아들
동백꽃잎 뚝뚝 떨어지듯
어미의 가슴에 한 서린 그리움
맺힌다

눈에 넣어도 아프지 않을 귀한 님
짧은 부모 자식의 인연에
하늘만 보아도 목젖이 타들어 가네

어찌 잊으리오
무궁화 피고 지는 이 강산에
태극기 휘날리며 나비처럼 날아
하늘의 별이 되었으니

울고만 있지 않으리오
헛되지 않으리오
나라를 위한 소중한 생명 바쳤으니
대한민국도 영원하리라

· 경기 파주
· 아동학사 및 보육교사
· 「시연문학집」 봄,여름,가을.겨울호 공저
· 시연문학회 동인

훨훨 날아라

김 정 희

기억할게
너의 숭고한 희생

잊지 않을게
꿈의 날갯짓

멋진 대한의 아들
심정민 소령

영원히 꺾이지 않는 날개로
못다 이룬 꿈 하늘에 펼치길

· 부산
·「시연문학집」 여름,가을.겨울호 공저
· 시연문학회 동인

뭐가 그리 급해서

김 정 희

뭐가 그리 급해서
이 젊은 청춘을 데려갔나요?
뭐가 그리 조급해서
아직 할 일이 많이 남은 이 청춘을
어찌할까요 어떻게 할까요
당신을 원망해도 소용없는 것을
애통하고 애석하고
안쓰러운 이 청춘을
당신께 맡겨봅니다
타인을 먼저 생각하는
그런 청년을 맡겨봅니다
부디 거기서
겁먹지 말고 울지도 말고
지금처럼 용감한 군인으로서
아들로서 지아비로서 기다려주세요
당신의 사랑하는 가족이
찾아갈 때까지 기다려주세요
저 넓은 창공에 별이 되신
소령 심정민 그대여

· 경북 구미
· 시연문학회 동인

위국헌신 10초

김 재 철

아는 듯
모르는 듯
살아가는
이 난세에
위국헌신
10초는?
생과 사를
갈라놓은
그 10초라는
찰나에
그 사람은
떠나고
우리만 남았네

우리의 가슴에
새겨진 정민씨는
사랑하는
연서에게
말합니다.
이제 이곳
7묘역에 더이상
오지 말라고...

비록 나는
이승을 떠났지만
나의 꿈은
아직도
이곳에 머무르고 있다고...

당신 보내는 내 마음
그리움만 더해도
내가 그토록
사랑하는 내 나라가
아직도
함께 있다고...
우리는 어느 화창한
봄날에
천상에서
다시 만나요

내 묘비에
내가 사랑하던
그 분이
F5 비행기를
가져다 놓았네요?
하늘에서도
영원히
조국의 창공을
지키라고 하네요

· (전)MBC사장
· (전)서울문화재단이사
· (전)초록우산어린이재단이사
· (현)뮤지컬컴퍼니A대표

挽壯烈沈小領殺身만장렬심소령살신

김영태

防空堅志頗高潔방공견지파고결
하늘을 지키겠다는 굳은 의지는
자못 고결하였고

捐殉靑春救衆民연순청춘구중민
청춘을 바쳐서
뭇 대중을 구하였네

苦悶瞬間哀絶樣고민순간애절양
고심하던 순간의 그 모습
차마 애처로워라

腐魂政客那堪遵부혼정객나감준
썩은 정객은 어찌
좇을 수가 있겠는가

辛丑年 小寒 聖峰

· 정형외과전문의 의학박사. 울산의대, 서울아산병원 명예교수
· 서울아산병원 정형외과과장, 주임교수역임
· 대한척추외과학회 회장역임. AO척추연구회 초대회장역임
· 군의관 소령제대
· 한국한시협회회원
· 성균관 전의

믿음으로 달린 그대에게

김 연 창

명징한 진동은 크레바스 깊은 암전에서
짙은 음영으로 부서진다
푸른 창공은 찰나에 스쳐가는 면벽
사랑하는 이의 얼굴은 마그마 같은 화두
버린다는 건 해탈한 선승에게도 쉽지 않은 일
깨달은 자의 지축을 울리는 지팡이 보다
크레바스를 탈출하는 레버는 만배는 무겁다
이미 오래전 견착된 화강석 같은 신념으로
스스로 간단히 버리고 편도행 차표를 선택했다
이기적인 이들이 아직도 기어이 살아가는
거친 갈등의 땅 위에선 오늘도 쟁의가 만발하는데
일찍 떠나버린 열차에서 그대는 비둘기 비상하는
선몽을 꾸셨는가?

붉은 꽃잎은 낙화하여

· 한국시민문학협회 회원
· 청미래농장 대표

창공 위에서

김 소 희

드넓은 하늘에서
아래로 내려가며
그는 불귀의 객이
되었습니다

이름 모를 분들을
지키며
그는 불귀의 객이
되고 말았습니다.

그는 한 점 부끄러움 없이
떠나갔으나

혼이라도 있다면
드넓은 창공 위에서

구슬피 우실
아버님 어머님을 뵈며
부끄러운 얼굴을
하고 있겠지요

· 경남 창원
· 유튜버 자유로이드
· 시연문학회 동인

그대는 빨간 마후라

김 상 호

까만 커튼이 하늘 창에 드리워질 때 오로라 별빛의
하늘보석 별들이 초록빛 눈망울로 창을 들여다본다
내가 밤하늘을 올려다보는 까닭은 그리운 사람이 있기 때문이다.

나는 언제까지나 대한의 하늘을 지키는 전투 조종사로 남고 싶다는
자랑스런 대한의 빨간 마후라 보라매 심정민 소령 그가 있기 때문이다.

빨간 마후라
군가 가사처럼 살다간 젊은 청춘
부귀영화 무엇에 쓰랴 사나이 일생 하늘에 산다

아가씨야
내 마음 믿지 마라 번개처럼 지나갈 청춘이란다
가사처럼 살다간 그의 의지, 조국의 푸른 하늘을 지키는
별이 되었도다. 그대는 빨간 마후라

사랑하는 아내와 가족들보다
국민의 생명과 재산을 우선시하는 자랑스런 참군인 그대여
조국은 그대의 위국 헌신 살신보국에 답하리다.

우리가 자주 밤하늘을 올려다보는 까닭은
사랑하는 사람이 그리워서다
비취옥보다 더 맑은 저 창공 그대의 꽃다운 모습이 보이고
그리울 때 눈에 뜨거운 별이 뜬다.

밤하늘에 보석 같은 별이 되어 가고도 가지 않은 영원한 창공의 빨간 마후라로 남아 있는 자랑스런 참군인 대한의 표상이로다.

아
애닯도다
나라 위한 충정
님이시여
님이시여
님은 대한의 국군 보라매이여라

보라매여
고귀한 선혈 나라 위한 초석이요
보라매 빨간 마후라의 상징일세
호국영령이시어 고이 잠드소서

그대의 영전에 삼가 영면을 빌며 이 글을 바칩니다.

· 특전사 직업군인 정년퇴임(원사). 이라크전 파병. 국가보훈처 수원보훈교육연구원 전직지원교육 팀장
· 스카우트 컨설팅 사업부 이사. 한국인성 교육개발원 원장. 경원대학교 외래교수 / 캘리포니아 한국교육원 겸임교수. 재경 인제중고 총동문회장 / 아주대학교 경영대학원 동문회장(10/11대)
· 현)SM인재개발 평생교육원장. 새한일보 논설위원 / 수원 인터넷 뉴스 칼럼니스트. 선진문학 협회 이사장. 대한 시문학협회 이사. 한국멘토교육협회 부회장. 전문강사(인문학, 리더쉽,동기부여/변화관리,경력관리,생명존중)
· 시인, 시니어모델, 방송활동. 홍보대사(세계전뇌학습/대한민국 예비역 부사관 총 연합회)
· 장관급 지휘관 표창 72회수상, 자치단체장 표창 3회, 국방부장관 대통령 경호실장표창 대통령 표창, 대한민국 보국훈장 광복장, 국가유공자 자랑스런 아주인상,사랑의 책나누기운동본부 국방부 독서 코칭 대상. 멘토상,신인 문학상 등 림영창문학우수상 / 대상4회 수상. 세종문화 예술인 대상. 세계천사 나눔 봉사대상(2회)
· 저술 『마음을 훔쳐봐』등 7권

나는 하늘의 사나이 - 심정민 소령이 되어

김상경

연기가 보인다
꼬리가 움직이지 않는다

민가다
애기여 날아올라라
19초

내 아버지 어머니가 계신다
조종간을 놓을 수 없다

스물의 보라매가
불타는 애기와 산화되는 순간
들려오는 노래 소릴 들었다

배우고 익혀서
몸과 마음을 조국과
하늘에 바친다

병든 애기여
너를 고치지 못한
누구를 탓하랴

번개처럼
지나가는 청춘이여
나는 하늘의 사나이

여인이여 미안하오
어머니 아버지여 무궁하소서

조국 코리아, 영원한 사랑이여
나는 그대의 한 줄기 빛!

· 한국경찰문학회 수석 부회장. 한국 시가모(인사동 예술인 모임) 회장
· 문묘배향 18현. 하서 김인후 선생 14세 손. 신석정 문하 (1970년대)
· 문예사조 등단. 32차 전국문인대회 즉흥시 장원 최우수상. 31회 한국예총 예술문화상 대상(지역)
· 7대 서울 양천문인협회장 역임. 한국현대시인협회 이사. 한국경찰문학회 수석부회장
· 시섬문인협회 부회장. 한국 (인사동 예술인 모임)시가모 회장. 한국좋은시 공연문학회 부회장
· 서울예술가곡협회 연주이사. 문화 교류 위원장. 한국PEN, 한국문협 회원
· 시집 『고요한것이 수상하다』(시 문학사) 등

사랑의 씨앗

김병수

하늘에서 내려온
숭고한 님의
한 줄기 빛 앞에
차갑게 얼어있던 대지
뜨거운 눈물 흘립니다
빛의 속도 보다 빠르게
스쳐 지나갔을

가족에 대한 사랑
가슴에 묻어둔 채
세상에 뿌린 씨앗은
나무가 되어 숲을
이루었습니다
가꾸고 보살피는 것은
남아있는 우리들의 몫
목숨 다해 사랑했던
하늘의 품에서
굽어살펴 보소서

· 충남 예산 출생
· 한강문학 동인
· 경기 안양거주
· 자영업

그대는 별이고 꽃입니다

김 명 수

칠흑의 어둠에서 빛나는 별 하나

그대의 삶이었습니다

푸른 잎새 속에서 피어나는
무궁화꽃 한 송이

그대의 사랑이었습니다

빛나는 별
무궁화꽃 한 송이

그대의 삶과 사랑이 있어
행복한 대한민국입니다

그대는 별이고 꽃입니다

늘 우리 가슴에 살아 계시는
영웅입니다

심정민 소령님 고이 잠드소서

· 경남 함안
· 월간『시사문단』시 등단
· 한국시사문단작가협회 회원. 빈여백 동인. 난초를사랑하는모임 고문
· (사) 행복드림후원회 이사
· ㈜ 영운 대표
·『시연문학집』여름호 공저. 시연문학회 동인

빨간 마후라를 추억하며

김 난 희

빨간 마후라는
하늘의 부름 받고
날개를 펼쳐 비상의 꿈꾸네

그대는 공군 빨간 마후라
울 큰 오빠 육군 빨간 마후라
추억이 새록~새록

그대는 전투 비상 대기에
영원히 잠들지 않는
비상의 길 선택

그대 한 몸 희생하여
불에 탈 마을 살리니
빨간 마후라 하늘에 펼치소서

· 경남 함안
· 시연문학회 동인

심소령을 위한 기도

김 기 웅

숨이 막힌 것처럼 명치가 아프던 날
땅의 호흡이 하늘에서 이루어졌다

잔잔한 지평선이 장엄한 해가 되던 날
푸른 제복을 받들어 당당히 제祭를 올린다

저 세상 너머를 부정하지 않고
돌아간다는 것의 본연을 확언할 때
그것은 비록 아름답게 떨어진 별이지만
분명 가슴을 치며 통곡할 일이다

잠시라도 애도의 기도가 진심인 사람들만
합창하며 큰 숨을 불어 넣는다

땅의 호흡이 하늘에서 이루어지도록
숭고한 희생이 눈물방울 속 씨앗이기를

하나의 씨앗으로
열 개의 꽃을 피우기 위해 흘린 눈물이
저세상 너머에서도 결단코 마르지 않기를

· 서울
· 한국전력공사 근무
· 시연문학회 동인
· 저서『꽃이 피고 꽃이 지는 이유』

임 그리워

권 형 원

떠나가신 임이시여
진달래꽃이 피었나이다.
진달래꽃빛 같던 고운 임이시여
눈 감으면 돌아서지 못한 청춘이외다.

뒤뜰 대나무도 진녹색으로 푸르나이다.
지저귀는 맵새 소리에 봄바람 이나이다.
임의 소리 들리나이다.

진달래꽃 군중의 고개를 넘으면
하루 종일 기억의 산맥을 넘나이다.

· 월간『시사문단』, 계간『문학의봄』,『문장21』,『세계문학예술작가협회』 등단
· 풀잎문학상 대상, 2020년 시사문단 문학상 대상 수상
· 한국시사문단작가협회 회원. 북한강무낙제 추진 이사
· 시집『점령군 미세먼지』,『의료법령 5분대기조』

어떤 彈指 - 故심정민 소령 영전에

권 장 섭

폭음도 우렁차게 흰 구름 뚫고
원수의 무리 쫓아 하늘 끝까지라는 군가를 부르며
나보다는 조국이 먼저라는 것을 알았습니다

대한민국 공군 파일럿으로 창공에 올라보니
국토의
동.서.남.북이 그렇게 가깝다는 것도
하늘을 날면서 처음으로 알았습니다

영공 수호를 위한 끊임없는 훈련 비행은
유사시 생명을 지켜 주는
최고의 안전 자산이라는 것도 그 때 알았습니다

탄지彈指라 하셨습니까?
이젝트를 외치고는
생명의 손잡이를 당기시지 그러셨습니까!
눈앞에서 펼쳐질 민가의 아비규환이 보이신 겁니까?
아니면
불시착이라도 생각하신 겁니까?

10초라는 시간은 너무나도 짧지만
상황에 따라서는 충분하기도 한 것이어서
손가락을 수십 번은 튕길 수 있다 들었습니다

추락하는 동체 앞에 민가와 산이 다가옵니다
굳게 잡은 조종간은 저절로 산을 향했고
그대는 곧장 조국의 산하가 되셨습니다

떨어지는 순간
얼마만한 고뇌와 고통이 있었을까!
순간
어떤 생각이 들었을까?

국민과 나 개인 사이에서
군인의 선택은
역시
국민이었습니다

고맙습니다 감사합니다
그대가 지켜준 우리 대한민국
영원토록 사랑하고 굳건히 지켜내겠습니다
그리고
창공이 된 그대는
대단히 영광스럽고 자랑스러운
영원한 대한민국 공군입니다.

· 능인고19회(통합26회) 졸업, 시현실로 시(2002). 문학바탕으로 수필(2016) 등단
· 한국문인협회 회원, 한국불교문인협회 이사, 시현실 작가 회장 역임

그 꽉 잡은 조종간을 이제는...내려 놓으시라

- 故심정민 소령 영전에

권 오 철

푸른 솔, 맑은 물, 청송심씨 27世, 곧고도 영민한 스물아홉 젊은 나이 달구벌 그 땅에 태어나 11명 간부들 군문 집안에서 꽃으로 피어났다네. 믿음 속에 십자가 사랑, 마음속에 새기면서 살아온 계란 한판의 삶이여

스승의 사랑 속에 空士로 진학하여 원만한 인성으로 서로들 사랑인데 어찌 알았으랴 그 스승, 십 년간 계속된 안부 인사 그것이 마지막일줄 영전에서 통곡하며 空士 추천 후회하나 또한 인연소생, 누가 알았으랴

한때 자랑 국산 제트기 케이에프5 제공호라, 허나 그 오랜 세월에 낡고 시들은 그 날개는 언제나 우환, 이어지는 사고에도 그냥 저냥 넘어가니 국산기 개발 막고 무기장사 금전놀음 분탕질 보라매가 늦어진 탓이라네

수원상공 날아올라 불타는 양쪽 엔진, 이젝트, 탈출을 외쳤지만 발아래가 민가이니 십여 초면 충분한 시간이나 꽉 잡은 조종간은 야산으로 몰아갔네. 살신성인 이런 것이랴. 신혼 일 년 새신랑의 죽음이니 원통하기 그지 없네

청명한 하늘의 맑은 물줄기는 명문중의 명문 청송심씨 상징이고 자랑이니 한 세대도 못 채운 삶이라 아깝고도 애닯지만 웅혼한 마음은 만고충심이라. 영세불후 보라매라 꽉 잡은 손, 조종간에서 떼어놓고 부디 부디 영면하소서

· 안동권씨 부정공파 35世, 아호 진허(眞虛)
· 안동 출신. 한양 법정대졸. 안동권씨문인회 사무국장. 촛불시민연대 사무총장
· 종묘제례악원상복구회 이사. CBDAndong 대표

별소령

권 오 운

꿈같은 하늘에서 꿈을 잃은 사람아
사랑한 나라 위해 한 목숨 바쳤구나
국민은
애달픈 가슴
하늘 높이 띄운다

이 나라 조국 위해 영공을 굳게 지킨
투철한 군인정신 영원한 빛이 되리
평안한
하늘 나라에
별이 되어 잠들다.

· 한국문인협회로 시조 문학바탕으로 수필등단
· 한국문인협회 회원
· 명예 철학박사

꽃다운 청춘

권 선 화

님이여
따스한 봄날에
한 장의 꽃잎이 되어서

저 먼 하늘 위로
산화하셨나요

어찌하오리오
꽃다운 나이를

어찌하옵니까
아까운 청춘들을
못다 피운 그 꿈들을

· 경북 울진군 출생
· 문학 어울림 시 동호회
· 양산시 새마을 부녀회 부회장(전)
· 현 청마회 감사
· 현 양산 북부동 미다미횟집 대표

그대, 이제 조종간을 놓으시게 - 故심정민 소령을 추모하며

권 득 용

잠시 지상에 두고 온 사랑을 잊은 게야

하늘의 별을 따다 준다던 언약대신
그대는 가슴 먹먹한 별이 되어
호곡성號哭聲으로 무너지는 사랑

이젝션을 못한 게 아니라
안 한 것이라며
살아남은 자들은 제단에 향을 피우고

영원히 대한의 자랑스런 조종사로 살고 싶다던
그대의 한평생이
아! 아! 10초였다니

살신성인은 과거가 아니라 미래의 불씨
하늘길마다 그대 이름 적나니

그대, 이제는 조종간을 놓으시게나

* 이젝션 : Ejection, 탈출

· 시인, 시낭송가, 공학박사
· 대전문인협회13,14대회장, 문경문학관 관장
· (사)한국문인협회이사

삶

강 혜 지

바람이 숲을 흔들면
산이 울고
흔들릴 때마다
나무들의 신음소리
산은 통곡하고 있뭔었다

쓰다듬고
어루만지고
가슴속 품은 뜨거움만으로
숲을 키워온 게 산이었으리라

바람아 멈춰다오
산이 등얼미로 막아서지만
골마다 나뭇가지 부러지고
숲이 온몸으로 신음 속에 잠겨
산의 눈물이 계곡을 넘치는구나

산다는 것이
고통을 쓸어 담는 것이어서
나무들이 견뎌온 사연을
숲이 흔들리며 몸부림 친 고통
산마저 거친 세상 힘들어
산의 절규가 바다를 울리고 있다

· 한국시민문학협회 회원

엄마 나 저 사람 알어

강은주

"엄마, 나 저 사람 알어
내 친구랑 선봤던 사람이야"
하던 일을 멈추고 TV 앞으로 달려갔다

뉴스룸에서 매일 매일 쏟아지는 사건, 사고는 일상이 되었지만
내 가족, 내 이웃의 일이 되면 더 이상 그저 그런 뉴스가 아니다
입장이 달라진다 전사가 되고 전투도 한다

갓 결혼해서 신혼 단꿈을 꾸고 있었단다
끝까지 비행기와 함께 추락하면서
그는 무슨 생각을 했을까
메뉴얼에 따라 사랑하는 가족을 위해 탈출하는 것보다
한 번도 본 적 없는 민간인과 군인의 임무가 먼저였을 것이다

요즘 말로 그는 나라를 구했다
바로 그가 교과서에 나오는 참군인이었다
간절한 마음으로 故심정민 소령의 영면을 빈다
윤회를 믿고 싶다
다음 생엔 꼭 오래오래 행복하길

· 장기동 작은도서관 초대회장 역임
· 대구한국일보 기자 역임
· 더블루팜 대표이사(현)
· 대구신문 편집위원(현)

추모 글

남궁연옥

국가와 국민을 위해
소명을 다하려
이 땅에 태어나
하늘을 수호하던 씩씩한
천사여,
그대가 사랑했던 조국 하늘 아래
국민을 지키려 살신성인하고
천상에 더 큰 볼일이 있는 듯
바삐 떠난 그대의
애틋한 이별에 고개를 숙입니다
마음을 숙입니다
부디 그곳에서는 더욱 환호 받는
천사가 되소서.

· 95년 순수문학 등단
· 한국문협 국제 펜회원
· 전 양평문학회장, 경기도문학상 외
· 시집『나는 늘 그 자리에 있다』외

故심정민 소령 추모집

그대 횃불처럼

초판인쇄 2022년 6월 7일
재판발행 2022년 7월 20일

지은이 성 군 경 외
발행인 허 행 일
편집주간 강 은 주
펴낸이 김 언 경
펴낸곳 홍익출판사

주소 / 대구시 중구 명륜로23길 38-4
전화 / 053)421-6700, 427-3627
팩스 / 053)423-5965
등록번호 / 1987년 11월 26일 제1-107호
E-mail / hongick88@hanmail.net

정가 10,000원

ISBN 978-89-7826-306-1 03810